PRINZIPIEN EINER
STRAFGESETZREFORM

I
DIE SOZIALE AUFGABE DER STRAFE.
DAS STRAFENSYSTEM.

VON

Dr. JOHAN C. W. THYRÉN,

PROFESSOR DES STRAFRECHTS AN DER UNIVERSITÄT ZU LUND,
MITGLIED DES SCHWEDISCHEN REICHSTAGS.

J. GUTTENTAG, VERLAGSBUCHHANDLUNG,
BERLIN.

GLEERUPSKA UNIVERSITETSBOKHANDELN,
LUND.

LUND 1910
BERLINGSKA BOKTRYCKERIET

VORWORT.

Die vorliegende Schrift ist anlässlich eines Auftrags der schwedischen Regierung als Einführung in den Vorentwurf zu einem neuen schwedischen Strafgesetzbuche zustande gekommen. Während es mir nicht angemessen erschien, den Vorentwurf selbst stückweise fertigzustellen — wegen der Schwierigkeit die Einzelheiten eines isolierten Teiles vor dem Ganzen festzulegen — habe ich es doch für nicht nutzlos gehalten, eine sukzessive Erörterung der verschiedenen Hauptteile des Strafrechts der Fertigstellung des Ganzen in Gesetzesform vorangehen zu lassen. Hiermit dürfte nicht nur gewonnen sein, dass die fachmännische Kritik, soweit sie die Prinzipien betrifft, der Gesetzesarbeit noch rechtzeitig zugute kommt, sondern auch, dass das grosse Publikum, dessen Interesse für strafrechtliche Fragen ohne Zweifel im Wachsen begriffen ist, sich so leichter ein begründetes Urteil in den Prinzipienfragen verschaffen kann. Es ist ja ganz besonders in Ansehung des Strafrechts wünschenswert, dass das Gesetz aus der Rechtsanschauung des Volkes selbst gleichsam hervorwächst, und folglich, dass die Voraussetzungen für eine reife Rechtsanschauung tunlichst geschaffen werden.

Nach dem Gesagten werde ich es kaum nötig haben hinzuzufügen, dass ich es als einen Vorteil erachte über Kritiken und Besprechungen in Kenntnis gesetzt zu werden, gleichviel von welcher Seite sie herstammen mögen, und dass ich mir nach Kräften die darin enthaltenen Hinweise zunutze machen werde. Der in unseren Tagen immer schärfer hervortretende internationale Charakter des Strafrechts dürfte es ohne weiteres verständlich machen, dass ich mir diesen Appell auch an die Fachleute und das Publikum fremder Länder zu richten erlaube.

Lund, den 9. November 1910.

Johan C. W. Thyrén.

Die soziale Aufgabe der Strafe.

I.

Die soziale Gefahr.

Die soziale Gefahr, deren Abwehr eine wichtige Seite der gesellschaftlichen Tätigkeit ist, kann, abgesehen von Streitigkeiten mit fremden Gesellschaften, entweder seitens der Natur oder seitens der Gesellschaft selbst angehöriger Individuen drohen. In den primitiven sich gegen wilde Tiere und elementare Kräfte schrittweise emporkämpfenden Gesellschaftsbildungen tritt jene, in den entwickelteren Gesellschaften diese Gefahr in den Vordergrund.

Wie wird nun betreffs der letztgenannten uns hier beschäftigenden Gefahr entschieden, was für die Gesellschaft schädlich, was nützlich sei, gefährlich oder ungefährlich? Die Antwort ist grundlegend für das spezielle Strafrecht, indem dieser Teil der Rechtsordnung diejenigen Handlungen näher bestimmt, welche die Gesellschaft als Verbrechen (i. w. S.) ansehen will, d. h. bei welchen, wegen ihrer Gefährlichkeit, die Strafandrohung unerlässlich erscheint. Hier soll nur bemerkt werden, dass die Ansicht der nach Raum und Zeit verschiedenen Gesellschaften über das ihnen Gefährliche ebenso wechselt, wie ihre Ansicht über die gegen die gefährlichen

Individuen anzuwendende Reaktion; m. a. W. in den verschiedenen Rechtsordnungen wechseln die Verbrechen nicht weniger als die Strafen. Änderungen der Lebensbedingungen, der Produktionsordnung, der Religion, der Weltanschauung, der politischen Ideen, der Kenntnisse (besonders der naturwissenschaftlichen) usw. spiegeln sich ohne Verzug im Strafrechte der Gesellschaft wider. Ist in einer primitiven Gesellschaft die Nahrung im Verhältnis zur Bevölkerungszahl knapp, werden vielleicht, um das Gleichgewicht zu erhalten, solche Handlungen wie Abtreibung, Kindestötung, Vertilgung der Kranken und Alten usw. durch die Sitte autorisiert — Handlungen, welche in Gesellschaften mit anderen Lebensbedingungen strenge bestraft werden. Wie anders der Totschlag, Mann gegen Mann, in einem kriegerischen, ursprünglichen Volke als in entwickelten Kulturgesellschaften beurteilt wird, weiss jedermann. Die eine Gesellschaft ist ausgeprägt »endogam», indem sie geschlechtliche Verbindungen auch innerhalb der allernächsten Glieder ganz in der Ordnung findet; eine andere durch die Entwicklung zur »Exogamie» gelangte Gesellschaft, sieht dergleichen Verbindungen als schwere Verbrechen an. Die eine Gesellschaft steht hinsichtlich der Vermögensverhältnisse auf wesentlich kommunistischem Grunde: es fehlen also die Voraussetzungen der Vermögensverbrechen im modernen Sinne, vielleicht aber wird die Faulheit bei der gemeinsamen Produktion bestraft; einer anderen individualistisch entwickelten Gesellschaft, sind hingegen die Vermögensverbrechen vielleicht die praktisch belangreichsten von allen Verbrechen. Für die eine Periode ist die Ausrottung der Ketzerei und Hexerei ein wichtiges Gesellschaftsinteresse; eine andere Periode ist in dieser Hinsicht gleichgültig, hat aber ein neues,

Strafbestimmungen veranlassendes Gesellschaftsinteresse in dem Kampfe gegen krankheitserregende Mikroben gefunden. Die eine Gesellschaft opfert ohne Bedenken die Rücksicht auf die Individuen, um z. B. die körperliche Entartung der Rasse zu hindern oder um eine ansteckende oder vererbliche Krankheit zu begrenzen (Tötung schwächlicher Kinder; Kampf des Mittelalters gegen den Aussatz usw.); eine andere Zeit, die das Interesse des Individuums stärker und dasjenige des Ganzen schwächer betont, findet dies barbarisch. Sogar an Entwickelung und Weltanschauung einigermassen gleichgestellte Gesellschaften zeigen wesentliche Unterschiede hinsichtlich der Kriminalisation, wie z. B. aus der Stellung der Vielweiberei und Sklaverei in verschiedenen Zeiten und verschiedenen Ländern zu entnehmen ist.

Dieser starke und stete Wechsel findet seine Erklärung nicht nur in dem Auftauchen neuer oder dem Untertauchen alter Interessen, sondern auch in der stets vorhandenen *Vielheit* der Interessen, deren unvermeidliche Widerstreit in verschiedenen Zeiten sehr verschieden gelöst wird. Die Rechtsbildung eines Zeitalters wird wesentlich durch die Lösung der grössten, umfassendsten Interessenkollisionen bedingt (z. B. Interesse der Rechtssicherheit *contra* Rücksicht auf das Individuum; Erwerbsinteresse *contra* ethische und hygienische Interessen usw.). Wie indessen auch die Anschauung verschiedener Zeiten und verschiedener Gesellschaften hinsichtlich der Existenz und des relativen Wertes der Gesellschaftsinteressen wechseln mag: in einer gegebenen Gesellschaft und Zeit hat der Unterschied zwischen gesellschaftsnützlichen und gesellschaftsschädlichen Handlungen immer einen bestimmten Sinn; der die Gesellschaft aufbauende Instinkt des Menschen ist von Hause aus darauf gerichtet eine wirkliche Fixierung, eine *Kristallisation* des Gesellschaftswillens herauszuarbeiten, sei es als *Recht* — von der organisierten Gesellschaftsgewalt garantiert — oder nur als *Sitte.*

Damit ist die Möglichkeit eines Gegensatzes zwischen Gesellschaftswillen und Willen des Individuums, Individualwillen gegeben. Dieser »antisoziale», »sozialgefährliche» Individualwille kommt in sehr verschiedenen Formen zum Vorschein, die von seiten der Gesellschaft sehr verschiedene Reaktionen veranlassen können. Um das Strafensystem zu erörtern ist deshalb eine Darlegung der genannten Formen, deren Verschiedenheit nicht immer mit einem verschiedenen Grad der Sozialgefährlichkeit zusammenhängt, unumgänglich nötig.

Ein solcher Unterschied, welcher den Grad der Sozialgefährlichkeit *nicht* beeinflusst, ist derjenige zwischen *altruistischem* und *egoistischem* Willen. Begreiflicherweise vermengt der Laie oft die Begriffe verbrecherisch und unmoralisch, in letzter Hand *ius* und *fas.* Freilich sind die Verbrechen der grossen Mehrzahl nach, vor allem in Zeiten ruhiger Entwicklung, auf egoistische Interessen des Verbrechers zurückzuführen und demgemäss unmoralisch: schon solche ursprüngliche Leidenschaften wie Hass, Zorn, Eifersucht usw. können die Rechtsgenossen in einen Gegensatz zu einander bringen, den die Gesellschaft als ihr gefährlich auffassen muss, und mit fortschreitender Kultur entstehen immer neue Möglichkeiten eines solchen Gegensatzes: Eitelkeit, Habgier, Ehrgier, Machtgier usw. Es sind aber ausser diesen sozusagen ordinären Verbrechen auch Verbrechen möglich, die einem rein altruistisch bestimmten Willen entspringen: der Verbrecher glaubt das allgemeine Wohl zu befördern — er will gar die Gesellschaft reformieren —

aber seine Beurteilung der Gesellschaftsinteressen weicht von der innerhalb der Gesellschaft herrschenden ab. Die offene Frage, welche Auffassung vom Gesichtspunkt eines Unbeteiligten die richtigere sei, hindert natürlich nicht, dass besagtes Individuum, sobald es seine Ansicht verwirklicht, in den Augen seiner eigenen Gesellschaft als antisozial dasteht. Wie jedermann weiss, ist die Kulturentwicklung derartigen Abweichungen in hohem Grade förderlich. Innerhalb der mehr ursprünglichen Gesellschaft herrscht gern eine feste Weltanschauung, dieselbe für alle Individuen: was gut sei und was böse, recht und unrecht, gesellschaftsnützlich und gesellschaftsschädlich, ist unerschütterlich festgestellt, und subjektive Abweichungen von den herrschenden Anschauungen sind um so seltener, als diese Anschauungen mit der Religion und der Sitte zusammenhängen. Wenn auch die entwickelte Kulturgesellschaft die Menschen äusserlich mehr uniform macht, so lässt sie doch den individuellen Meinungen einen ungleich freieren Spielraum. Verschiedene Weltanschauungen und Religionen werden gleichzeitig toleriert; die »Gedankenfreiheit» wird ein »Menschenrecht», und damit entstehen in vielen Punkten individuelle Auffassungen von dem gemeinen Wohl, welche von der innerhalb der Gesellschaft normgebenden Auffassung scharf abweichen. Nichts veranschaulicht diese Veränderung besser als die Vergleichung der Strenge der primitiven Gesellschaft betreffs der religiösen Ideen mit der Gleichgültigkeit oder Skepsis einer Kulturgesellschaft, welche sich jedweder Stellungsnahme zur Religion enthält. Aber dieser unbegrenzten Freiheit der Theorie, der *Ansichten* entspricht keineswegs eine ähnliche Freiheit der *Handlungen*. Die Gesellschaft glaubt vielleicht einen »theoretischen» Angriff etwa auf das Privateigentum nicht unterdrücken zu dürfen; in dem Augenblick aber, wo sich die theoretische Anschauung als faktischer Angriff auf die bestehenden Rechtsverhältnisse realisiert, ist die Toleranz zu Ende.

Diese altruistische Form des verbrecherischen Individualwillens kann, freilich nur unter eigenartigen politischen Bedingungen, mit der in der Gesellschaft vorherrschenden Rechtsanschauung übereinstimmen, insofern sich nämlich der Staatswille, wie er von einer despotischen Staatsgewalt vertreten und durchgesetzt wird, im Streit mit dieser Rechtsanschauung befindet. Es braucht kaum bemerkt zu werden, dass die Eigenschaft solcher »Verbrechen» mit der allgemeinen Rechtsanschauung übereinzustimmen, in keiner Weise geeignet ist, ihre Gefährlichkeit für die Inhaber der Staatsgewalt, bzgw. für deren egoistische Interessen zu verringern. So lange die Staatsgewalt unerschüttert bleibt, können sie sich darum als in hohem Grade strafbar darstellen. Etwas anderes ist es, dass in solchen Fällen aus dem Strafverfahren eine für den Gewalthaber selbst gefährliche Rückwirkung entstehen kann, indem sich der Widerspruch zwischen Gewalt und Rechtsanschauung immer mehr verschärft, und der Bestrafte zum Märtyrer nicht nur seiner eigenen Ansicht, sondern derjenigen einer Mehrzahl wird. In der Tat ist die aus dem genannten Widerspruch herrührende Spannung eine mächtige Triebkraft der geschichtlichen Entwicklung: der Sieger im Kampfe, mag er für das Neue oder für das Alte kämpfen, bekommt bzgw. behält (das juristische) Recht, der Besiegte Unrecht.

Auch wenn der Altruismus des verbrecherischen Willens nicht so klar liegt wie in den genannten Beispielen, kann ein solcher doch in den Fällen anerkannt werden, wo das Verbrechen gewissermassen durch die

Sitte oder Anschauung innerhalb der Klasse des Verbrechers hervorgerufen wird — durch eine Art von partiellem Gesellschaftswillen, der sich in bewussten Gegensatz zum totalen Gesellschaftswillen stellt. Die Duellverbrechen nicht weniger als einige aus der Arbeiterbewegung unserer Tage entspringende Verbrechen sind deutliche Beispiele.

Ein weiterer Unterschied zwischen sozialgefährlichen Individuen, auch dieser unabhängig vom Grade der Sozialgefährlichkeit, hängt mit der Frage zusammen, ob der sozialgefährliche Wille ein »kapabler», »zurechnungsfähiger» (»juristischer») oder ein »inkapabler», »unzurechnungsfähiger» Wille ist. In der Tat kann die Sozialgefährlichkeit, in grossem Umfange, ganz unverkennbar sowohl bei Individuen hervortreten, welche sich wegen *jugendlichen Alters* ausserhalb des Bereichs des juristischen Willens befinden, wie auch bei Individuen, welche wegen hochgradiger psychischer *Abnormität* (unter welch letzterem Ausdrucke wir im folgenden *alle* ausserhalb des psychisch Normalen fallenden Zustände zusammenfassen) juristisch als willenlos angesehen werden. Die Sozialgefährlichkeit des Willens ist in diesen Fällen keineswegs geringer, weil er nicht Wille im juristischen Sinn ist; freilich aber unterscheiden sich diese Fälle, hinsichtlich des Reaktionsmittels — welches hier nicht einmal Strafe *genannt* wird, ebensowenig wie die betreffenden Handlungen juristisch als Verbrechen bezeichnet werden — von den Fällen, wo wirkliche Verbrechen und Strafen vorliegen. Zwischen der »Inkapazität» — sie mag auf normalem oder abnormem Grunde ruhen — und der vollen »Kapazität» kommen Übergangsfälle vor, denen je nach der verschiedenen Auffassung vom Wesen der Strafe mit sehr verschiedenen Reaktionen begegnet worden ist. Wegen dieser für das Strafrecht besonders wichtigen Fragen vgl. weiter unten.

Die beiden bisher berührten Unterschiede zwischen altruistischer und egoistischer und zwischen kapabler und inkapabler Sozialgefährlichkeit sind solche, die den Grad der Sozialgefährlichkeit nicht beeinflussen. Selbstverständlich kann der Wille auch in letztgenannter Hinsicht sehr verschieden sein. Dass sich der Individualwille im Streit mit dem Gesellschaftswillen befindet, braucht nicht mit sich zu führen, dass sich jener in *jeder* Hinsicht diesem entgegensetze, und tut das gewöhnlich auch nicht: gewöhnlich geschieht dies nur auf einem gewissen Punkte oder in gewissem Umfange. Daraus, dass jemand ein geringes Verbrechen, z. B. Mundraub, begangen hat, darf man nicht schliessen, dass er imstande sei, ein schweres Verbrechen, etwa Raubmord, zu begehen; noch weniger, dass er imstande sei, ein beliebiges Verbrechen zu begehen. Um die Sozialgefährlichkeit des Willens zu untersuchen, ist es deshalb nötig, die Grösse seiner Abweichung vom Gesellschaftswillen zu bestimmen. Freilich ist aber damit nicht die ganze Frage nach dem Grade der Sozialgefährlichkeit beantwortet. Dass das Individuum *einmal* vom Gesellschaftswillen abgewichen ist, bedeutet nicht ohne weiteres, dass sein Wille *dauernd* diese Abweichung einschliesst. Vielmehr kann die Abweichung, sie sei grösser oder geringer, in allen Graden von Dauerhaftigkeit vorkommen, von einem schnell vergehenden Zustand bis zur Unausrottbarkeit. Ferner kann sich die Willensgefährlichkeit, von der Dauerhaftigkeit abgesehen, mehr oder weniger oft in Handlungen *äussern:* von einer der Regel nach rein psychologischen Existenz, welche, wenn auch als solche unausrottbar, nur ausnahmsweise in einer sozialgefährlichen Handlung hervortritt, bis zum gewerbsmässigen Begehen sozialgefährlicher Handlungen. Um den Gefährlichkeitsgrad des Willens zu bestimmen, muss demgemäss seine Abweichung vom Gesellschaftswillen in drei Punkten untersucht werden: wie gross (»grob») sie ist, wie schwer zu vertilgen, wie oft in Handlungen hervortretend. Die moderne Theorie scheint nicht selten geneigt, das Gewicht der erstgenannten Frage zu unterschätzen; die ältere Gesetzgebung hat meistens die beiden letzgenannten unterschätzt. Hier genügt es indessen diese etwas näher zu betrachten.

Die Dauerhaftigkeit der Willensgefährlichkeit kann sich nicht nur *aktiv* im Fortbestehen der zur Abweichung vom Gesellschaftswillen treibenden Beweggründe äussern — dauernde Leidenschaften usw. —, sondern auch mehr *passiv* in der dauernden Abwesenheit hemmender, vom Verbrechen abhaltender Beweggründe — dauernde Gleichgültigkeit gegen den Gesellschaftswillen. Umgekehrt kann die schnell vorübergehende Willensgefährlichkeit ihre Erklärung entweder im einzelnen plötzlich auftauchenden, zum Verbrechen treibenden Beweggrunde finden, oder aber in einer ganz zufälligen Herabsetzung (z. B. wegen einer isolierten Sinnesverwirrung) der hemmenden Beweggründe, der Achtung vor dem Gesellschaftswillen usw. Indessen ist es in der Wirklichkeit nicht so leicht, diese beiden Seiten auseinander zu halten: besonders hat die dauernde sozialgefährliche Leidenschaft in den meisten Fällen zur Folge, dass Bedenken altruistischer Natur recht bald verstummen und das Individuum wenigstens nach dieser Richtung hin gegen den Gesellschaftswillen gleichgültig wird.

Wird zugleich auf den Dauerhaftigkeitsgrad der Sozialgefährlichkeit und auf ihre grössere oder geringere Geneigtheit Rücksicht genommen in Handlungen hervorzutreten, so ergeben sich zwei Extreme, von denen das eine ein Minimum, das andere ein Maximum der Sozialgefährlichkeit darstellt. Jenes besteht in einer solchen »*akuten*» Sozialgefährlichkeit, welche nicht einmal psychologisch dauerhaft ist und noch weniger die Geneigtheit besitzt, auch fernerhin in äusseren Wirkungen hervorzutreten; dieses in einer solchen »*chronischen*» Sozialgefährlichkeit, welche, psychologisch gesehen, unausrottbar ist, so wie auch das Bestreben hat, sich oft in Handlungen zu äussern. Die Zwischenstadien zwischen diesen Polen werden von der Willensgefährlichkeit ausgefüllt, welche nicht schnell vorübergehend ist, aber auch nicht ausgeprägt dauerhaft, oder zwar als psychologischer Zustand dauerhaft, in Handlungen aber nur sporadisch hervortretend. Die Verbrecherarmee — um die Frage auf *die* sozialgefährlichen Individuen zu beschränken, welche unter den Begriff Verbrecher fallen — zerfällt also in drei Gruppen, ein Zentrum mit zwei Flügeln. Während der eine Flügel aus den »akuten», der andere aus den »chronischen» besteht, umfasst das Zentrum, die Hauptmasse, solche Verbrecher, welche, ohne akut oder chronisch genannt werden zu können, sich irgendwo dazwischen befinden. Aus dem Obigen geht hervor, dass diese ganze Einteilung mit der Frage, ob das begangene Verbrechen nach seiner objektiven Seite hin gering oder »grob» sei, nichts zu tun hat: das *Verbrechen* mag das eine oder andere sein, der *Verbrecher* kann jedenfalls, hinsichtlich seiner sozialgefährlichen Willensbeschaffenheit akut oder chronisch sein oder keins von beiden.

Bei dem *akuten* Verbrecher entsteht also der Verbrecherwille plötzlich und verschwindet eben so schnell wieder, einer akuten Krankheit vergleichbar. Sofern nicht etwa eine zufällige Trübung des Geistes die hemmenden Beweggründe geschwächt hat, ist hier anzunehmen, dass es äussere Reize ungewöhnlicher Stärke und nicht etwa gegen den Gesellschaftswillen streitende Charakterzüge gewesen sind, welche diese Verbrecher über die Grenze des Strafbaren getrieben haben. Ein durch schwere Beleidigung Erzürnter fügt dem Beleidiger eine schwere Körperverletzung zu; ein Ehemann findet sich unerwartet von seiner Frau betrogen und rächt sich an ihr oder an seinem Nebenbuhler; ein Ausgehungerter passiert einen Korb mit Esswaaren und kann der Versuchung nicht widerstehen, auf dem nächsten Wege seinen Hunger zu stillen u. s. f. In der Tat kann man die ganze Tonleiter der menschlichen Leidenschaften durchlaufen und in jeder den Ausgangspunkt eines akuten Verbrechens finden; es genügt, dass eine solche natürliche und also erklärliche (wenn auch nicht immer moralisch zu billigende) Empfindung durch ungewöhnliche Umstände über ihre gewöhnliche Höhe hinaufgejagt wird; bald kommt der Punkt, wo sie den von der Rechtsordnung aufgebauten Damm durchbricht. Obwohl solche Handlungen freilich meist als Verbrechen anzusehen und zu behandeln sind, leuchtet ein, dass der Verbrecher nicht anders handelt als eine sehr grosse Anzahl von Menschen in seiner Lage gehandelt hätte. Die bekannte Tatsache, dass sich die Leute oft, jeder für sich, überzeugt fühlen, dass *sie* nimmermehr ein Verbrechen begehen würden, beweist nur, wie schwer dem Menschen die Selbsterkenntnis wird: würden alle grösseren und geringeren Beleidigungen, Gewaltsamkeiten, Entwendungen (von Übertretungen von Ordnungsvorschriften u. dgl. nicht zu reden) vor Gericht gebracht, so würde sich die Zahl derer, die sich ihres Lebens nie jenseits der strafbaren

Grenze befanden, ungleich geringer zeigen als man gewöhnlich annimmt; und wenn die Mehrzahl keine ernsteren Verbrechen begeht, ist dies grossenteils dadurch zu erklären, dass ihnen die ungewöhnlichen Versuchungen erspart bleiben, welche das Loos der genannten Verbrecher geworden sind. Kurz: das Abnorme, welches sich immer im Verbrechen findet, und welches bei dem (subjektiv) schweren Verbrecher in seiner abnormen Gleichgültigkeit gegen den Gesellschaftswillen, also in ihm selbst, zu suchen ist, liegt bei diesem Verbrecher ausserhalb seiner selbst, in den äusseren Umständen, welche ihn betroffen haben: jener ist ein abnormer Mensch in normalen Umständen, dieser ein normaler Mensch in abnormen Umständen. Mag sein, dass die akuten Verbrecher selten den besonders starken und gefestigten Charakteren zuzurechnen sind — dasselbe gilt aber von den Menschen insgemein: die meisten sind schwach.

Das Gesagte dürfte dem keineswegs seltenen (durch die ungeeignete Benennung »Gelegenheitsverbrecher» unterhaltenen) Missverständnisse vorgebeugt haben, dass die Geringheit des Verbrecherwillens in diesen Fällen auf der mühelosen Gelegenheit zum Begehen des Verbrechens beruhe. Wohl mag es oft ein Beweis der Stärke des Verbrecherwillens sein, dass der Verbrecher grosse Hindernisse hat überwinden müssen; es kann aber andererseits derjenige oft als besonders strafbar anzusehen sein, welcher eine bequeme Gelegenheit ausgenützt hat: der Pferdedieb, welcher die im Freien weidenden Tiere stiehlt; der Diener, welcher die vom Gebieter in seine Obhut gegebenen Güter veruntreut; der Beamte, welcher die von Amtswegen verwalteten Mittel unterschlägt u. s. f.

Schon wenn der akute Verbrecher an das Begehen des Verbrechens schreitet, wird er oft durch den Ausführungsmodus erkennbar. Eben weil er in diesem Gewerbe Anfänger und noch dazu überreizt ist, führt er das Verbrechen in ungeschickter Weise aus: vielleicht verwirklicht er nicht einmal seine verbrecherische Absicht und der Regel nach wird es ihm wenigstens nicht gelingen der Entdeckung zu entgehen: er ist von der Kaltblütigkeit und Bedächtigkeit zu weit entfernt, welche ein Verbrecher meistens nötig hat, um alle Spuren zu verwischen. In vielen Fällen wird er sich selbst anzeigen, sei es, dass dies von vornherein seine Absicht gewesen, sei es, dass er nach der Befriedigung der Leidenschaft ebenso widerstandslos zusammensinkt, wie er vor der Entladung von überspannter Tatkraft erfüllt war. Vor dem Richtertisch angelangt, pflegt er aufrichtige Reue an den Tag zu legen und seine Tat ohne Beschönigung zu gestehen; wenn er sie bisweilen ableugnet, so tut er dies nicht so sehr aus Verstocktheit als aus Bangigkeit in dieser für ihn ungewöhnlichen Lage oder aber aus Furcht vor Strafe.

Die Kriminalität des *chronischen* Verbrechers (welchen wir hier nur hinsichtlich des typischen, durch Egoismus gekennzeichneten Falles betrachten) wurzelt dagegen tief bis zum wirklichen oder scheinbaren Angeborensein. Bisweilen hat er schon als Kind eine völlig abnorme Abwesenheit von Mitleid und überhaupt von Mitgefühl an den Tag gelegt; vielleicht gar seine Lust an dem Peinigen von Tieren, kleiner Kameraden usw. gehabt. In das Alter der Leidenschaft gelangt, gerät er um so leichter auf die Bahn des Verbrechens, als ihn nichts anderes zurückhält als die Furcht vor der Strafe; das Rechtsgefühl, welches für die meisten Menschen genügend ist, um sie von ernsteren Verbrechen abzuhalten, wenigstens wenn sie keine stärkeren Versuchungen dazu treiben, wird bei diesem einfach vermisst. Je nach seiner sonstigen Anlage wird er sich mehr zum Verbrecher *in genere* oder zum Spezialverbrecher der einen oder anderen Art ausbilden. Wenn seine vorherrschende Eigenschaft etwa die Habgier ist, wird er Wucherer, Kuppler, Hehler usw.; wenn Eitelkeit, wird er ein auf grossem Fuss lebender gewerbsmässiger Betrüger; ist er stark sexuell veranlagt, wird er Sittlichkeitsverbrecher vom einen oder anderen Typus usw. Auch hier gilt, dass jede menschliche Leidenschaft einen besonderen Verbrechertypus schaffen kann; das Merkmal des chronischen Verbrechers ist nicht die eine oder andere Leidenschaft, sondern der Umstand, dass ihn die Leidenschaft ohne jedwede vom Rechtsgefühl oder überhaupt vom Altruismus herstammende Hemmung beherrscht; Versuchungen zum Begehen des Verbrechens braucht er nicht, vielmehr späht er immer und überall nach Gelegenheiten dazu. Frühzeitig gewinnt er die fachliche Übung; seine Kaltblütigkeit wird von keinerlei Gewissensbissen oder Bedenken erschüttert: mithin hat er grosse Aussicht nicht nur das Verbrechen zustande zu bringen, sondern sich auch der Entdeckung zu entziehen. Vor dem Richtertisch leugnet er einfach; ist er einmal geständig und täuscht seine Haltung Reue vor, so geschieht dies nur aus Berechnung, um die unabwendbare Strafe zu mildern.

In grossem Umfang kommt eine passive chronische Kriminalität vor, nicht so sehr durch egoistische Energie als vielmehr durch eine gewisse Willenslosigkeit gekennzeichnet: Sklaven einer schädlichen Gewohnheit. So die ungezählten Verbrecher, die sich, von Alkoholismus, Prostitution, Faulheit beeinflusst, allmählich zu Gewohnheitsdieben entwickeln.

Zwischen diesen Grenzfällen kommen natürlich alle Übergänge vor. Nicht selten geht die Verbrecherlaufbahn von einem Punkte aus, welcher derjenige des akuten Verbrechers ist oder diesem nahe liegt, und bis zu einem Punkte hin, der sich von dem des chronischen Verbrechers wenig unterscheidet. Im Gegensatz zur akuten Kriminalität bietet die nicht akute — sie mag mehr oder weniger chronisch sein — zweifelsohne regelmässig eine sozialethische Abnormität dar, was indessen mit nichten notwendig eine Abnormität in der Richtung von Geisteskrankheit oder Idiotismus voraussetzt. Der jugendliche Verbrecher, welcher, unter Dieben und Prostituierten grossgezogen, stets in einer Atmosphäre gelebt hat, wo das Verbrechen als das Normale galt und die Gesetze und Schutzeinrichtungen der Gesellschaft als Hindernisse, die zu überwinden zum Beruf gehört, ist freilich eine von der sozialethischen Norm ganz wesentlich abweichende Erscheinung. Die Behauptung aber, dass dieser Mensch notwendig in irgend einem Grade geisteskrank oder geistesschwach sein müsse, weil er sich zum verhärteten Dieb entwickelt hat, ist der reine Unsinn; eher würde es bei ihm Abnormität in diesem Sinne zeigen, wenn er sich unter den gegebenen Verhältnissen *nicht* zum Diebe entwickelt hätte — so gewiss es für die menschliche Psyche, vor allem die sich entwickelnde, das Normale ist bezüglich der Wertschätzung der Beweggründe aus der Umgebung Eindrücke aufzunehmen. Er gehört einer Gesellschaftsschicht an, welche eine ganz andere ethische Anschauung hat als die innerhalb der Mehrheit der Gesellschaft normgebende; überhaupt würde sich ein jedes Kind, mag es noch so glücklich veranlagt sein, in einem derartigen Milieu in derselben Weise entwickelt haben. Übrigens findet man dies durch vielfache Analogien bestätigt, ohne in die eigentliche Verbrecherwelt hinabzusteigen. Das besonders in Grossstädten äusserst gewöhnliche Vorkomnis z. B., dass die Diener ihre Herren bestehlen, bei Einkäufen Geld oder Waren veruntreuen usw., kann nicht gut als ein gelinder Grad von Geisteskrankheit erklärt werden, auch wenn dies einen sehr konstanten Charakterzug ausmacht, sondern als eine auf Erziehung und Umgebung beruhende, durch eine gewisse Schlaffheit in der Anrufung des Gesetzes genährte ethische Anschauung der betreffenden Klasse. Man muss darum auf das bestimmteste die Abnormität als Abweichung von der sozialethischen Norm (einer Norm, die mit Zeit und Ort stark wechselt) von der Abnormität im Sinne einer krankhaften Veränderung der psychischen Funktionen oder einer wesentlich subnormalen Entwicklung dieser Funktionen unterscheiden.

Wie nötig indessen es auch ist, die beiden zu unterscheiden, so geschieht es doch gar nicht selten, dass sie Hand in Hand gehen. Die ethische Abnormität kann sehr oft, vielleicht *trotz* Erziehung und Umgebung, durch eine mehr oder weniger tiefgreifende Funktionsstörung hervorgerufen werden oder damit zusammenhängen; vgl. besonders den hohen Prozentsatz der Gewohnheitsverbrecher unter den ausgesprochenen Alkoholisten (nicht zu verwechseln mit der Bedeutung des gelegentlichen Rausches für die mehr akute Kriminalität, wovon w. u.). Und je mehr sich die Kriminalität dem chronischen Pol nähert, desto wahrscheinlicher wird die sozialethische Abnormität mit der Abnormität im anderen Sinne zusammentreffen, wiewohl freilich auch innerhalb der ausgeprägtesten chronischen Kriminalität Fälle vorkommen, die, wie es scheint, mit der letzgenannten Abnormität nichts zu tun haben.

Der ethisch abnorme Charakter kann bisweilen, wie

oben bemerkt, *ursprünglich* sein: der Ausdruck *geborener Verbrecher* ist keineswegs, wie wohl bisweilen behauptet wird, ein leeres Wort. Da bei diesem Typus die Ursache der Kriminalität nicht im Leben des Individuums selbst zu entdecken ist, bleibt nur die Möglichkeit übrig, dass sie sich in früheren Generationen aufzeigen liesse. In der Tat sprechen — wenn auch diese Frage zur Zeit nicht bis zur endgültigen Beantwortung herangereift ist — viele Tatsachen dafür, dass eine derartige *»moral insanity»* auf dem Boden einer gewissen körperlichen Entartung einer oder vor allem mehrerer vorangehenden Generationen entsteht (Alkoholismus, Syphilis und überhaupt aller solchen Krankheitszustände, welche die Tendenz haben, das Nervensystem der Nachkommenschaft zu affizieren) — *eines* unter vielen möglichen Entartungszeichen der Rasse.

Ganz abgesehen aber von der Gesinnungsart des antisozialen Individuums, muss man in der Gesellschaftsgefahr selbst zwei Seiten sorgfältig unterscheiden — eine Doppelheit, die für das Strafensystem von entscheidender Bedeutung ist. Einerseits besteht natürlich eine Gefahr darin, dass man von der Person, welche sich schon einer antisozialen Handlungsweise fähig gezeigt hat, auch anderer derartiger Handlungen gewärtig sein muss, wofern sie nicht abgehalten wird. Andererseits besteht eine *indirekte* Gefahr — mitunter ungleich grösser — darin, dass die antisoziale Handlung *andere* Individuen, eventuell in egoistischen Trieben diesem ähnlich, zur Nachahmung reizen kann; und noch weiter darin, dass dieselbe, wenn nicht von genügender Reaktion betroffen, ein Erschlaffen der Autorität des Gesellschaftswillens, wenigstens auf dem von der Handlung getroffenen Punkt, veranlassen kann: das ungestraft übertretene Verbot wird in den Augen des Volkes bald als »obsolet» dastehen; ja, schon ein einzelner Fall, wo der Gesellschaftswille ohne Folge zur Seite geschoben ist, kann einen Ansatz zu solcher Wirkung bedeuten. Das Verbrechen ist ein *Symptom* der erstgenannten direkten Gefahr und eine *Ursache* der letztgenannten indirekten Gefahr. Lässt sich auch sagen, dass das Strafensystem zunächst auf jener aufzubauen ist, so darf der Gesetzgeber doch diese keinen Augenblick aus den Augen lassen: er muss immer sorgfältig prüfen, ob die Massregel, welche er aufstellt — mag sie auch als *Individualprävention*, hinsichtlich der von dem betreffenden Verbrecher selbst drohenden Gefahr, genügen — eine hinlängliche *generalpräventive* Kraft besitzt, von Nachahmung abzuhalten und die Autorität des Gesetzes aufrecht zu erhalten. Ganz abgesehen von der Frage, inwiefern ein Rückfall seitens des Verbrechers zu befürchten ist, ist es gewiss der Gesellschaft nicht gleichgültig, ob ein Totschlag strenge oder milde bestraft wird oder aber unbestraft bleibt. Die in unseren Tagen oft gehörte Ermahnung — welche freilich als Korrektiv gegen die entgegengesetzte Einseitigkeit älterer Zeiten höchst anerkennenswert ist —, *nicht gegen das Verbrechen sondern gegen den Verbrecher* zu reagieren, ist schon deshalb gar nicht als ausschliessliches Prinzip des Strafrechts verwendbar. Das wirklich haltbare Prinzip ist vielmehr, weder gegen den Verbrecher noch gegen das Verbrechen allein zu reagieren sondern gegen die *Gefahr* für die Gesellschaft; diese Gefahr kann, wie wir sahen, eben so gut aus der Tatsache des Verbrechens wie aus der Person des Verbrechers entstehen.

II.

Die Reaktion gegen die soziale Gefahr.

Um einen Überblick über sämtliche Kampfmittel der Gesellschaft zu erhalten, muss man verschiedene Formen dieser Mittel unterscheiden, deren Verhältnis zu einander am besten durch ein medizinisches Bild veranschaulicht werden kann. Eine Krankheit, die mit einer Menge verschiedener Symptome auftritt — Schmerzen, Appetitlosigkeit usw. — kann *symptomatisch* behandelt werden, indem man gegen die verschiedenen Symptome jeweils verschiedene Mittel verwendet. *Wenn* aber der Arzt den gemeinsamen Grund sämtlicher Symptome, die »Wurzel» der Krankheit kennt und derselben beikommen kann — etwa einer mit dem Operationsmesser erreichbaren Geschwulst — so hat er die Möglichkeit die Krankheit *»radikal»* zu behandeln, sie an dieser ihrer Wurzel anzugreifen. Es lässt sich indessen noch ein weiterer Schritt denken. Insofern die die Krankheit hervorrufende Ursache bekannt ist, lässt sich vielleicht die Krankheit verhüten, indem sich z. B. das Individuum nicht der sie verursachenden Ansteckung aussetzt; vielleicht lässt sich auch durch eine allgemein hygienische Lebensweise das Einwurzeln der Krankheit verhindern. Kurz: prophylaktische Massregeln lassen sich von den therapeutischen trennen, und diese lassen sich in tiefergehende (radikale) und oberflächlichere (symptomatische) einteilen.

Die Verbrechen aber — die sich ja von Jahr zu Jahr mit einer gewissen statistischen Gleichmässigkeit wiederholen — lassen sich als die Symptome einer Gesellschaftskrankheit ansehen. Die *symptomatische* Behandlung dieser Krankheit besteht demgemäss in dem Einschreiten gegen die Einzelpersönlichkeiten, die mit gefährlichen Handlungen hervorgetreten sind: innerhalb des Kreises dergleichen symptomatischer Massregeln liegt die Strafe. Die *radikale* Behandlung hinwiderum erheischt, dass man ausfindig macht, inwiefern ein grösserer oder geringerer Teil der besonderen Verbrechen auf bestimmte Übelstände der Gesellschaft (z. B. auf allerlei Formen sozialen Elendes) als ihre Ursachen zurückzuführen ist, und dass man, zutreffendenfalls, diesen Ursachen entgegenzuarbeiten sucht. Endlich würde eine vollkommene Gesellschaftsprophylaxe bedeuten, dass man, mit Kenntnis der Ursachen jener Übelstände ausgerüstet, die die besonderen Verbrechen hervorbringen, unter anderem durch eine geistige Gesellschaftsprophylaxe, den genannten Übelständen und mit ihnen ihren Symptomen, den Verbrechen, vorbeugen könne.

Prophylaktische und radikaltherapeutische Mittel.

Wenn es nun auch weit ausserhalb der Grenze des Denkbaren liegt, durch irgendwelche prophylaktische oder radikale Behandlung des Gesellschaftskörpers alle Äusserungen der Kriminalität aufzuheben, so lässt sich doch auf diesem Wege gar nicht so wenig erzielen, wenn sich die Gesellschaft nur der letzen Ursachen der Kriminalität bewusst wird. Was zuerst eine allgemeine *Gesellschaftsprophylaxe* betrifft, so wird die grösste Strecke auf diesem Wege schon von der primitiven Gesellschaft zurückgelegt, indem sie den Gesellschaftswillen bestimmt ausspricht, d. h. die Handlungen kenntlich macht, welche als antisozial gelten sollen, und dies mit der Strafandrohung besiegelt. Damit stellt sich im grossen und ganzen eine Übereinstimmung der Anschauung der Rechtsgenossen mit der von der Gesellschaft ausgesprochenen ein, auch wo jene nicht ihren privaten Vorteil dabei finden; die Hinneigung des einen oder anderen Rechtsgenossen zu einer abweichenden Auffassung wird in den meisten Fällen durch das blosse Dasein des gekannten Gesellschaftswillens unterdrückt. In einem gewissen Stadium der Entwicklung kommt meistens ein Zusammenwirken der rechtlichen und religiösen Ideen hinzu, dies vielleicht in so hohem Grade, dass die ganze Rechtsordnung als von den Göttern herrührend angesehen wird. Diese Verschmelzung bringt eine ausserordentliche Verstärkung der zwingenden Macht des Rechts mit sich; eine Verstärkung, in primitiven Zeiten vielleicht notwendig, um die widerspenstigen Individualwillen unter den Gesellschaftswillen zu beugen. Keins der für spätere Kulturstadien eigentümlichen, vorbeugenden Mittel gegen die Kriminalität kann sich an präventiver Kraft mit dieser Addition der religiösen Strafdrohung zur weltlichen messen, welche ihrerzeit für die Entwicklung fast ebensoviel bedeutet wie einstmals das Aussprechen eines ausdrücklichen Gesellschaftswillens in der Form des Rechts. — Ein besonders wichtiges und in den meisten Gesellschaftsbildungen von vornherein vorhandenes Mittel der seelischen Gesellschaftshygiene ist die *Familie*. Indem die Familien zunächst zwischen den Familiengliedern altruistische Gefühle grossziehen, spielen sie im Gesellschaftsorganismus die Rolle von Zellen, in denen die für den Bestand der Gesellschaft nötigen seelischen Eigenschaften stetig neugebildet werden. Die Familie, wenn sie den Erwartungen der Gesellschaft entspricht, erzieht auch direkt zum Gehorsam gegen die Gesellschaft, und die Macht der Gesellschaft über die Rechtsgenossen wird also nicht nur durch die eben genannten religiösen Gefühle, sondern auch durch den starken Einfluss der Familienpietät gehoben. — Dasselbe lässt sich von jeder in der Gesellschaft wirksamen *ethischen Volkserziehung* sagen: sie bändigt immer mehr oder weniger die gesellschaftsfeindlichen Willen und beugt das Individuum unter den Willen der Gesellschaft. — Endlich ist es eine sehr wichtige Seite der gesellschaftsprophylaktischen Wirksamkeit, den später angeführten besonderen Übelständen, aus welchen die schwerere Kriminalität zum grössten Teile hervorgeht, nicht nur in ihren Folgen entgegenzuarbeiten, sondern ihnen so weit wie möglich *vorzubeugen.* Da indessen diese Übelstände grossenteils mit der Kulturentwicklung selbst zusammenhängen (z. B. mit der Verpflanzung der Menschen nach dichtbevölkerten Kulturzentra), so ist eine derartige Prophylaxe, wenigstens auf der jetzigen Kulturstufe, nicht in der Ausdehnung möglich, wie zu wünschen wäre.

Aus dem Gesagten können verschiedene kriminalpolitische Schlüsse gezogen werden. Das *bestimmte Aussprechen* des Gesellschaftswillens, d. h. das Aufstellen eines ausdrücklichen Gesetzes, ist freilich im grossen und ganzen ein schon längst zurückgelegter Schritt. Aber schon aus der stetigen Entwicklung der Gesellschaft folgt, dass das ausgesprochene Gesetz einschl. des Strafgesetzes, in einem gegebenen Moment nicht auf alle aktuellen Interessen Rücksicht nimmt, welche hätten beachtet werden sollen. Hier kann oft die *Sitte* ergänzend und stützend eingreifen, indem sie den Spielraum vieler gesellschaftsschädlicher Tendenzen (man denke an Wucher, unlauteren Wettbewerb usw., wenn das Gesetz davon schweigt) einigermassen beengt. Die Sitte ist aber unberechenbar und unzuverlässig: auch die Gesellschaft hat ein besseres

Ich und ein schlechteres Ich. Die Sitte kann sich in gewissen Richtungen so entwickeln, dass sie Missbräuche förmlich autorisiert, die sich in irgend einer Weise eingeschlichen haben (vgl. u. a., in unseren modernen Verhältnissen Bestechung bei Vergebung von Lieferungen und bei sonstigen geschäftlichen Verabredungen); sie kann sich relativ schnell von »strenge» und »nützlich» in »schädlich» verkehren. In solchen Fällen kann das Eingreifen mit einer Strafbestimmung eine gute gesellschaftsprophylaktische Vorkehrung sein. Die Bedeutung der Strafe ist hier nicht so sehr, dass sie die Rechtsgenossen durch Furcht abschreckt als dass sie vielmehr ihre Augen für die Antisozialität der betreffenden Handlung öffnet und ihre Gewissen empfindlicher macht. Man sagt bisweilen, das Strafgesetz sei kein Katechismus; in dem Sinne aber ist es wirklich ein Katechismus, dass es die Rechtsgenossen darüber unterrichtet, welche Handlungen die Gesellschaft als besonders verwerflich ansieht. Mithin entsteht ganz natürlich in der Gesellschaft eine Tendenz, die Antisozialität nach der Strafbarkeit abzuschätzen und eine tatsächlich mit keinerlei Strafe belegte Handlung als nicht *strafwürdig,* demgemäss jedenfalls als weniger antisozial als die strafbaren anzusehen. Von hier bis zu der Auffassung der Handlung als völlig ungefährlich und statthaft ist der Schritt nicht immer so weit. Der Gesetzgeber hat es also in hohem Grade in seiner Macht, das sittliche Niveau der Gesellschaft durch das strafrechtliche zu regulieren: wenn z. B. unehrliche Handlungen aller Art, die dem Betrug nahe stehen — Bestechung bei geschäftlichen Verabredungen, falsche Ausverkäufe usw. — die bisher straffrei waren, für strafbar erklärt werden, so kann man überzeugt sein, dass sie bald, wie allgemein sie auch gewesen sein mögen, relativ selten werden. Dennoch ist hier der Vorbehalt zu machen, dass die mächtige Waffe der Kriminalisation nicht missbraucht werden darf, um nicht bald abgestumpft zu werden. Wollte man, um die Sitte zu bessern, in grosser Ausdehnung allerlei weniger wünschenswerte Handlungen mit Strafe belegen, so würde hierdurch die Strafe banalisiert und ihre Wirkung überhaupt — auch für ernstere Fälle — wesentlich vermindert werden. Ebenso muss man in der Verwendung der Strafe gegen solche Handlungen vorsichtig sein, welche, wenn auch für die Gesellschaft im ganzen nicht wünschenswert, dennoch, vielleicht weil mit politischen Gegensätzen und Streitigkeiten zusammenhängend, von ganzen Volksklassen als notwendig oder berechtigt angesehen und massenweise vorgenommen werden. Unter solchen Verhältnissen, wo die sozialgefährliche Handlung eine Art von ideellem Hintergrund hat, würde die Kriminalisation ihre oben genannte bändigende Wirkung auf die Willen nicht ausüben, sondern eher in grossem Umfang mit Trotz beantwortet werden. Die Belegung Tausender von Individuen wegen von ihnen und ihrer Klasse als befugt angesehener Handlungen mit allerhand geringen Strafen — Geldstrafen, kurzen Freiheitstrafen usw. — würde ähnliche Unannehmlichkeiten wie das soeben genannte »hypertrophische« Strafgesetz zur Folge haben: die Wirkung des Gesetzes und der Strafe überhaupt würde sehr abgeschwächt werden, wenigstens innerhalb der betreffenden Volksklasse.

Aus dem oben Gesagten folgt weiterhin, wie wichtig es aus prophylaktischem Gesichtspunkte für die Gesellschaft ist, die Familien darauf hin zu überwachen, ob sie der Absicht entsprechen, die die Gesellschaft mit dem Familieninstitute hat. Wo die Familie nur auf dem Papier besteht und die Kinder in Wirklichkeit jeder Familienerziehung entbehren, indem die Eltern jeder für sich stets von der Häuslichkeit abwesend sind, muss die Gesellschaft *rechtzeitig* einschreiten und darf nicht erst die Ausbildung der Kinder zu Verbrechern abwarten. Ebenso folgt daraus, von wie grosser Bedeutung es ist, der Volkserziehung eine Richtung auf das Ethische und nicht bloss auf das Intellektuelle zu geben: das Bezwingen egoistischer Triebe, Achtung vor und Mitgefühl mit anderen Rechtsgenossen sind Volkseigenschaften, von deren Anwesenheit oder Abwesenheit die Verbrechensziffer der Gesellschaft weit mehr beeinflusst wird als von den durchschnittlichen Kenntnissen des Volkes. — Vor allem haben diese Erwägungen in solchen Gesellschaften oder Gesellschaftsschichten ihre Gültigkeit, in denen die Religion ihre Macht über die Gemüter verloren hat, ohne dass anzunehmen ist, dass irgend eine andere ethische Anschauung die diesbezügliche Funktion des religiösen Glaubens hinlänglich erfülle; je jäher ein derartiges Abwerfen der überlieferten Anschauung geschieht, um so grösser ist die Gefahr.

Abgesehen von dieser weitumfassenden Prophylaxe lässt sich aber auch eine »*radikale*« Reaktion gegen die Sozialgefährlichkeit durch direkte Bekämpfung solcher Übelstände der Gesellschaft denken, welche sich als Ursachen der Kriminalität darstellen. Diese Ursachen sind indessen bei verschiedenen Verbrechen äusserst verschieden und in sehr verschiedenem Grade der Bekämpfung zugänglich. In gewissem Umfang ist die Kriminalität mit den natürlichen menschlichen Leidenschaften, Zorn, Eifersucht usw. notwendig gegeben; dies gilt grossenteils von der oben geschilderten *akuten* Kriminalität. Die akute Kriminalität beruht, wie gesagt, auf dem Auftauchen zufälliger starker Versuchungen unter solchen Verhältnissen, dass ihnen auch der ethisch normale Mensch ziemlich leicht unterliegen kann. Ihre Ursache ist also doppelt: teils die natürliche Beschaffenheit der Menschenseele, welche die Leidenschaften potentiell einschliesst, teils die äusseren Umstände, welche die Leidenschaften zu übernormaler Stärke steigern. So lange die Gesellschaft aus Menschen mit menschlichen Leidenschaften zusammengesetzt ist, werden darum akute Verbrechen in gewissem Umfange vorkommen. Es ist aber vollkommen denkbar und stimmt auch mit der Erfahrung überein, das sowohl die durchschnittliche Stärke der Leidenschaften auf verschiedenen Kulturstufen wechselt, wie auch die Inzitamente der Leidenschaften in verschiedenen Verhältnissen verschieden häufig sind. In jener Hinsicht übt die fortschreitende Kultur unzweifelhaft eine in gewissen Richtungen bändigende Einwirkung auf die Menschen aus, indem die »Milderung der Sitten» das Dämpfen gewisser, besonders der ursprünglichsten Leidenschaften: Hass, Zorn, Eifersucht usw. einschliesst. Gleichzeitig schafft aber die Kultur neue Leidenschaften (z. B. auf Grundlage des Vermögens); daneben erhöht sie, durch die immer häufiger werdende Berührung unter den Individuen, die Möglichkeit der Kollisionen und also der Aufstachelung der Leidenschaften überhaupt: in ihrem Totalergebnisse ist darum die Einwirkung der Kultur auf die akute Kriminalität wechselnd und unberechenbar. — Diesen Ursachen der akuten Kriminalität kann die Gesellschaft freilich keinen Versuch entgegenstellen durch Zwangsmittel die natürlichen Leidenschaften der Menschenseele auszurotten, was das Meer peitschen hiesse, um es vom Wogen abzuhalten, wohl aber solche Übelstände zu entfernen oder zu mildern, welche erfahrungsgemäss leicht Kollisionen unter den

Individuen hervorrufen oder die Leidenschaften entzünden; wie z. B. das unmittelbare Gegenüberstehen des äussersten Luxus und der äussersten Armut, und noch mehr den Missbrauch des Alkohols, welcher auch bei Verbrechen vom gegenwärtigen Typus eine besonders grosse Rolle spielt, indem auch der gelegentliche Rausch ebensosehr die Leidenschaften aufstachelt wie er die hemmenden Elemente des Bewusstseins abschwächt.

Ganz anderer Art sind die Ursachen der *nicht akuten* Kriminalität, sie mag sich der Unverbesserlichkeit mehr nähern oder weniger. Hier handelt es sich um eine sozialethische Abnormität des betreffenden Menschen, welche, wenn nicht immer so doch sehr oft, aus tiefgehenden und dauernden Übelständen der Gesellschaft entstanden ist. Das wichtigste Hülfsmittel, um diese stetig wirkende Ursachen zu erforschen, ist, von der unmittelbaren Wahrnehmung abgesehen, die Kriminalstatistik. Sie zeigt, so gut wie ausnahmslos, sehr starkes Übergewicht der Stadtkriminalität gegenüber der Landkriminalität, wobei sich die grösseren Städte zu kleinen Städten oft etwa wie die Städte überhaupt zum Lande verhalten (in Schweden ist die Häufigkeit »*gröberer*» Verbrechen in Stockholm 8 bis 9 mal, in den übrigen Städten des Reiches zusammengenommen 4 bis 5 mal so gross wie auf dem Lande); auf dem Lande starkes Übergewicht für Bezirke mit ausgeprägter Industriebevölkerung wie auch für Bezirke mit überwiegend unselbständigen Landarbeitern gegenüber Bezirken mit überwiegend selbständigen Kleinbesitzern (so besonders die Untersuchungen Krohnes für Deutschland 1909); starkes Übergewicht der Kriminalität in ausgeprägten Industrieländern gegenüber Ländern mit sonst einigermassen gleichgearteter, aber in ursprünglicheren Verhältnissen lebender Bevölkerung (z. B. pro Jahr c. 25,000 Fälle von Körperverletzung in Belgien mit c. 7 1/4 Mill. Einw. gegenüber c. 400 Fällen in Norwegen mit c. 2 1/4 Mill.); innerhalb des Kreises der gröberen Verbrecher, für die Städte Übergewicht des Rezidivistprozentsatzes (in Schweden durchschnittlich etwa der doppelte Prozentsatz); in schnell industrialisierten Ländern, wo also eine starke Abwanderung vom Land zur Stadt vorkommt, steigende Verbrechensziffern von Jahr zu Jahr, und innerhalb dieser eine besondere Steigung der Jugend- und Rezidivistkriminalität (besonders deutlich in der deutschen Statistik 1882—1901). Was die Rassenentartung als Ursache der angeborenen Kriminalität betrifft, so ist es wichtig das Verhältnis zwischen männlicher und weiblicher Kriminalität zu untersuchen. Da nämlich die erbliche Belastung Kinder männlichen Geschlechts und Kinder weiblichen Geschlechts einigermassen gleich betreffen muss, so müsste, soweit es auf diese ankommt, die Kriminalität der beiden Geschlechter annähernd gleich stehen. Dahin kommt es nun natürlich nicht, auch nicht einmal betreffs der auf erblicher Belastung beruhenden Kriminalität, denn die Einflüsse der verschiedenen Lebensführung der beiden Geschlechter bewirken eine Erhöhung der männlichen Kriminalität. Jedenfalls wird aber die Rassendegeneration in den Ländern, wo sie die Verbrechensziffern in höherem Grade beeinflusst, das weibliche Verbrecherkontingent den Ländern gegenüber wesentlich erhöhen, wo die Rassendegeneration bis jetzt eine geringere Rolle spielt. Annäherndерweise lässt sich dasselbe von der auf dauernden, ganze Gesellschaftsschichten umfassenden Schädlichkeiten in der Erziehung und Lebensverhältnissen der Kinder beruhenden Kriminalität sagen. Während nun z. B. Schweden betreffs der Diebstahlsverbrechen, wo das weibliche Kontingent relativ hoch zu sein pflegt, 1 weiblichen Dieb auf 8 männliche zeigt, findet man in Belgien innerhalb derselben Verbrechensart 2 Weiber auf 3 Männer (die absoluten Zahlen weiblicher Diebe i. J. 1906 sind für Schweden 238, für Belgien 3459). Um die verschiedene Ausbreitung der Entartung nach Zeit und Ort zu beurteilen, empfiehlt es sich die Frequenz der Geistesstörung, besonders gewisser Formen, als wichtigen Messer der Frequenz der beiden Entartungsfaktoren Alkoholismus und Syphilis festzustellen: eine solche Untersuchung bestätigt die soeben angeführten Ergebnisse. Endlich mag erwähnt werden, dass der Alkoholismus, wo man sein Verhältnis zum Rezidivismus (nicht das des gelegentlichen Rausches!) mit seinem Verhältnis zu den erstmaligen Verbrechen zu vergleichen versucht hat, wie zu erwarten war, einen ungleich innigeren Zusammenhang mit jenem zeigt (in Belgien 3 bis 4 mal grösseren — bei den Diebstahlsverbrechen 10 mal grösseren — Alkoholistenprozentsatz unter den Rezidivisten).

Die Kriminalstatistik zeigt also auf das Unzweideutigste, dass die Ursachen, welche die Hauptmenge der bösartigeren Kriminalität hervorrufen, solche sind, die sich mit dem Zusammendrängen einer unsteten Menschenmenge in dichtbevölkerten Zentren (vor allem Grossstädten) wesentlich steigern. Positive Versuchungen der verschiedensten Art — nicht zum wenigsten die stete Gelegenheit zu schlechtem Umgange, durch das Schlafstellenwesen u. dgl. befördert — wirken hier mit der durch die Auflösung des Familienlebens usw. bewirkten Schwächung der erziehenden und hemmenden Einflüsse zusammen; und alle diese psychischen Ursachen vereinigen sich mit der durch eine in vielen — oft in allen — Beziehungen unhygienische Lebensweise gegründeten körperlichen Entartung, welche unmittelbar oder wenigstens in der nachfolgenden Generation den Willen und Charakter beeinflussen kann. Das hauptsächliche Heilmittel »radikaler» Ordnung ist darum eine tief eingreifende körperliche und geistige Hygiene der betreffenden Bevölkerungsschichten; grossenteils begegnen sich also diese besonderen Vorkehrungen bezüglich gewisser kranker Stellen mit der vorher besprochenen allgemeinen geistigen Gesellschaftshygiene. U. a. gehört hierher alles, was in Bezug auf Wohnungsverhältnisse, Erziehung u. dgl. soweit möglich das Entstehen oder Umsichgreifen eines antisozialen Milieus verhindert; ebenfalls eine solche Anordnung der Strafe, dass relativ unverdorbene Menschen nicht der psychischen Ansteckung durch den permanenten Ansteckungsherd, den die verhärteten Verbrecher (während ihrer Strafzeit und nachher) bilden, ausgesetzt werden. Der Kampf gegen den Alkoholismus und die Syphilis ist um so wichtiger, als diese (in Wechselwirkung stehenden) Entartungsfaktoren besonders durch Schwächung des Willens und der Arbeitskraft sowohl den direkt Betroffenen als auch und vielleicht noch öfter seinen Nachkömmling zum Verbrecher machen können.

Symptomatische Mittel.

Auch wenn die prophylaktischen und radikalen Vorkehrungen gegen die Antisozialität tiefer durchdacht und folgerichtiger ausgeführt wären, als sie es bisher sind, dürfte es die Gesellschaft nicht daran fehlen lassen, sie durch eine *symptomatische* Reaktion zu unterstützen, und zwar, wie vorher betont, nicht nur wegen der Gefahr, welche der Person des Verbrechers anhaftet, wenn man ihn einfach laufen lässt, sondern auch wegen der Gefahr des Beispiels, des Beiseitesetzens der Autorität des Gesellschaftswillens. Hier ergiebt sich nun beim ersten Blick der tiefe Unterschied zwischen zwei verschiedenen Arten der vom Gesetz aufgestellten Rechtswirkungen, indem innerhalb des einen Gebiets den Übertretungen, oft auch bewussten und sogar beabsichtigten, nur mit »zivilen» Wirkungen begegnet wird, während innerhalb des anderen Gebiets Strafen zur Verwendung kommen.

Man sollte denken, dass der Gesellschaftswille hierdurch die kriminalisierten, unter Strafandrohung gestellten Handlungen als in mehr eigentlichem Sinne antisozial, der Gesellschaft gefährlich, habe bezeichnen wollen. Offenbar hängt auch die Art des Vorgehens des Gesetzgebers mit seiner Veranschlagung des Gefährlichkeitsgrades des Willens zusammen. Er wird sich gesagt haben, dass auch die rein zivile Rechtswirkung (z. B. Schadensersatz) indirekt, durch den von der Macht des Gesellschaftswillens auf den Individualwillen ausgeübten Druck, eine Bändigung oder jedenfalls eine Zurechtweisung einschliesst, die in solchen Fällen ausreicht, wo die Gefährlichkeit des Willens gering ist. Insofern diese Voraussetzung in dem besonderen Falle zutrifft, ist eine solche weitere Massregel wie die Strafe unnötig; hierzu kommt, dass die Strafe wirksamer ist, je mehr sie ihrem Umfange nach eingeengt werden kann; kriminalpolitisch gesehen ist es, wie schon bemerkt, geradezu schädlich, mit der Strafe allzu verschwenderisch umzugehen.

Indessen verhält es sich doch nicht so, dass die Kriminalisationslinie überall nach einem gewissen, stets gleichen Grade der Antisozialität gezogen ist. Vielmehr ist die Basis des Strafrechts in nicht geringer Ausdehnung *uneben:* einige Handlungen von geringer Antisozialität werden bestraft, während andere straffrei ausgehen, die, allgemein gesprochen, als nicht weniger antisozial als jene anzusehen sind. Der Unterschied ist mit nichten ein blosser Namensunterschied zwischen Strafe und Schadensersatz usw., sondern zeigt sich, in den allermeisten modernen Rechtssystemen darin höchst reell, dass, wenn die Strafe bei der ersten Gruppe, ebenso wie der Schadensersatz bei der zweiten, in Geld geleistet werden soll und wenn der Verurteilte diese Geldprästation tatsächlich nicht leisten kann, bei der *strafbaren* Handlung eine *andere Strafe* an die Stelle der Geldprästation tritt, während bei der *nicht strafbaren* Handlung die Rechtswirkung überhaupt in Wegfall kommt: *nichts* geschieht. Hieraus darf man keineswegs schliessen, dass jede geringe polizeiliche Übertretung unter allen Umständen eine antisozialere Handlung sei als z. B. fahrlässige Beschädigung fremden Eigentums (welche regelmässig unter die zweite Gruppe fällt); der Gesetzgeber hat sich nicht der Ungereimtheit schuldig gemacht, ein für allemal den auf verbotenem Wege Radelnden für antisozialer zu erklären als den, welcher wiederholt wertvolle fremde Sachen fahrlässig beschädigt, und es beruht nicht auf einem Unterschied der Antisozialität, dass jener, bei fehlender Leistung der Geldstrafe, ins Gefängnis hineingesteckt wird, während dieser, bei fehlender Leistung des Schadensersatzes, tatsächlich frei von jeder Rechtswirkung ausgeht. Der Unterschied ist teils dadurch zu erklären, dass die fraglichen mit Strafe belegten Fälle meistens unmittelbarer und augenfälliger das allgemeine Interesse angreifen, was ihnen freilich einen *Schein* grösserer Antisozialität verleihen kann; teils dadurch, dass bei diesen Fällen die Entstehung eines *Schadens* nicht vorausgesetzt wird, womit dem Gesetzgeber die Möglichkeit genommen ist, eine andere Rechtsfolge als die Strafe, nämlich den Schadensersatz, wenigstens auf dem Papier aufzustellen. Wo der rechtswidrige Willen in einem tatsächlichen Erfolge hervorgetreten ist, z. B. bei Eigentumsbeschädigung, Unterlassung einer obliegenden Prästation etc., kann der Gesetzgeber nicht ohne Grund hoffen, dass der blosse Befehl zu ersetzen oder zu zahlen, gefolgt von Zwangsvollstreckung, wo eine solche notwendig und ausführbar ist, auch in allgemeinpräventiver Hinsicht eine gewisse Wirkung ausüben wird; scheint dann das Interesse der Allgemeinheit durch die Handlung nicht direkt angegriffen zu sein oder treten sonst keine schwereren Komplikationen hinzu, so begnügt sich der Gesetzgeber mit der Aufstellung der zivilen Rechtsfolge, die Fälle auf sich beruhen lassend, wo diese undurchführbar ist.

Als Folge der Kriminalisation der vorhergenannten Fälle ist indessen, wenn auch an der Peripherie des Strafrechts oder wenn man lieber will als dessen Annex, ein praktisch sehr wichtiges Gebiet entstanden, dessen Grundlage eine andere ist als die des sonstigen, »eigentlichen» Strafrechts, weil es nicht auf der den wirklichen Verbrechen gemeinsamen Antisozialität beruht, sondern wegen praktischer Notwendigkeit hinzugetreten ist — wegen der Schwierigkeit, irgend eine andere Rechtsfolge als die Strafe ausfindig machen zu können. Diese Uneigentlichkeit ist dem modernen Strafrechte durch die Umwandlung der »Strafe» geradezu verhängnisvoll geworden: wenn die ursprünglich auferlegte Geldstrafe nicht vollstreckt werden kann, tritt als Ersatz eine Strafe ein, welche sich der Art nach recht wenig von der Strafe der ernstesten Verbrechen unterscheidet. Der Radfahrer, welcher auf verbotenem Wege gefahren ist oder seine Laterne anzuzünden vergessen hat, wird, wenn er insolvent ist, einer Behandlung unterworfen, die sich, von der Zeitdauer und vielleicht der Benennung abgesehen, sachlich nur wenig von der des Einbrechers oder Raubmörders unterscheidet. Dass ein solches Zusammenwerfen — bedenklich schon wenn es wirkliche Verbrechen allzu verschiedenen Grades gilt, — ganz unzweckmässig wird bei so weit verschiedenen Handlungen wie den jetzt genannten, leuchtet ohne weiteres ein, und wird später näher ausgeführt werden.

Was nun die in der Gesellschaft tatsächlich vorkommende Reaktion gegen *die* Willensgefährlichkeit betrifft, welche wirklich diesen Namen verdient, so könnte die Frage nach der *Aufgabe* dieser Reaktion, weil dieselbe keine andere sein könne als die Gefahr aufzuheben oder soweit wie möglich zu mildern, überflüssig erscheinen; die Massregeln, welche nicht wenigstens diesen *Zweck* verfolgten, würden also nicht in das fragliche Gebiet fallen. Es verhält sich aber mit der Gesellschaft nicht anders als mit dem einzelnen Menschen; beide können entweder ganz bewusst kaltblütig und überlegt reagieren, zu dem klar erfassten Zweck einen gewissen *äusseren Erfolg herbeizuführen;* oder aber mehr instinktiv, um ein *Gefühl zu befriedigen*, ohne bewusst von einem objektiven Zweck bestimmt zu sein. Der gefährlichen Handlung kann also — seitens der Gesellschaft oder des Individuums — mit einer mehr instinktiven oder mehr verstandesmässigen Reaktion begegnet werden. Und auch in *der* Hinsicht ist die Gesellschaft dem Individuum ähnlich, dass sich die Entwicklung meistens von dem Instinktiven zum klarer Zielbewussten hin bewegt: das Gefühl bestimmt mehr die ursprüngliche, Erwägungen mehr die entwickelte Gesellschaft. Einen eigentlichen *Gegensatz* zwischen den beiden Reaktionsweisen gibt es jedoch nicht, denn der Zweck, welcher mehr bewusst auf einer späteren Entwicklungsstufe hervortritt, findet sich und muss sich, wenn auch dunkel und unbewusst, auf der früheren finden. Die Rache (der Gesellschaft oder des Individuums), wiewohl scheinbar reine Gefühlssache, schliesst unverkennbar immer einen dunkeln Zweck ein, nämlich den, den Verletzenden unschädlich zu machen oder ihn von der Wiederholung abzuschrecken oder andere davon abzuschrecken in seine Fussstapfen zu treten. Wie die Affekte überhaupt, Stolz, Furcht usw., dunkle Reflexionselemente einschliessen und voraussetzen, so auch die Rache. Kann man aber auch nicht von einem eigentlichen Gegensatz reden, so findet sich doch immer eine Verschiedenheit — eine grössere oder geringere, je nach dem mehr oder weniger naiven Ausdruck, den das Rache- oder Vergeltungsgefühl findet — zwischen einem auf Vergeltungsgefühl und einem auf überlegter Reaktion gegen Sozialgefahr aufgebauten Strafrecht.

Die geschichtliche Entstehung der Strafe als Gesellschaftsrache, im Unterschied von der Individualrache, lässt sich am leichtesten verstehen, wenn man unterstellt, dass in der modernen Gesellschaft die zwingende Macht des Gesetzes plötzlich aufhörte und sich die Gesellschaft also zu einer blossen Zusammenballung von Individuen verwandelte. Die Strafe im eigentlichen Sinne würde alsdann mit dem Gesetze verschwinden: was würde an die Stelle der Strafe treten? Unzweifelhaft die Rache, von den verletzten Individuen ausgeübt. Wann und wie die Rache einträte, würde teils auf der individuellen Schätzung der Feindlichkeit der angreifenden Handlung beruhen, teils auf dem *in casu* vorhandenen Willen und Vermögen des Individuums, sich zu rächen. Die Reaktion würde also, mit der jetzigen staatlichen Strafreaktion verglichen, höchst wechselnd und unberechenbar werden, würde aber freilich, allgemein gesprochen, gar nicht verschwinden, weil die Strafe fortfiele. Auf diese Weise würde es weitergehen, bis der gesellschaftsbildende Instinkt wieder Zeit gehabt hätte sich zu betätigen, und bis die Rachehandlungen der Individuen wieder zur Strafe in der Hand des Staates zusammengefasst wären. Wie auf unserem Gebiet eine Auflosung der Gesellschaft das Eintreten der Individualrache an Stelle der Strafe bedeutet, so bedeutet umgekehrt die Gesellschaftsbildung, dass die Strafe immer mehr an die Stelle der Individualrache tritt. Dabei übernimmt nicht nur die Gesellschaft, sondern organisiert, kanalisiert die regellosere, unberechenbarere Individualrache.

Sei es dass sich die Gesellschaft für eigene Rechnung rächt (etwa beim Hochverrat), oder dass sie zwischen die Einzelnen tritt, das ursprüngliche Racherecht des einen gegen den anderen übernehmend, oder aber dass sie, auf »sakraler» Stufe, die Rachehandlung als im Namen der Götter vorgenommen auffasst, so richtet sich auf den früheren Stufen die Rache gemeinhin gegen alle schädlichen Individuen ohne Ausnahme, ja oft auch gegen Tiere und unorganische Sachen, welche Ursache des Schadens gewesen sind. Typisch in letztgenannter Hinsicht ist die römische Bestimmung in den *XII tab.*, dass derjenige, welcher (in betrugerischer Absicht) die kleinen als Grenzmale fungierenden Statuen des Jupiter Terminus herausgepflügt habe, *samt Ochsen* dem verletzten Gotte geopfert *(sacer)* werden solle. Früher oder später bringt indessen die Entwicklung wichtige Einengungen mit sich. Teils soll die Vergeltungsstrafe nicht auf die »*Unzurechnungsfähigen*« anwendbar sein, da deren Willensbeschaffenheit die Rache nicht verschulden könne, nicht auf Kinder, Geisteskranke, Blödsinnige. Teils werden von der Strafbarkeit solche Fälle ausgeschieden, in denen die Handlung auf *Unfall* beruht und keinerlei Schluss auf die Willensgefährlichkeit des Handelnden erlaubt. Diese Einschränkungen begegnen sich in dem Gedanken, dass nur derjenige, welcher aus *freiem Willen* ein Übel schafft, welcher also »*Schuld*« hat, von einem Übel betroffen werden solle; gleichwie das Individuum selbst Reue, Scham usw. wegen seiner Handlung nur empfindet, weil es glaubt anders gehandelt haben zu können als es wirklich getan hat, glaubt, dass seine Handlung auf seinem *freien* Willen beruhe, so überträgt es, in der Gesetzgebung, diese Willensfreiheit ganz natürlich auch auf andere Individuen; wie die *Reue* etc. an die Vorstellung der eigenen Freiheit anknüpft, so wird das Rachegefühl durch die Vorstellung von der Freiheit des anderen begrenzt. Das freie Individuum hat *Schuld*, das unfreie *keine Schuld*; folglich verdient das freie Individuum *Strafe*, das unfreie *keine Strafe*. Die bedenkliche Folgerung ist, dass je nachdem Individuen entdeckt werden, welchen man als irgendwo zwischen Freiheit und Unfreiheit stehend nur einen Bruchteil von Schuld aufbürden will, diese — ohne Rücksicht auf Art und Grad ihrer Gefährlichkeit für die Gesellschaft — von derselben Reaktion betroffen werden wie die Freien, d. h. von Strafe, aber in geringerem Quantum. *Volle Schuld, volle Strafe; halbe Schuld, halbe Strafe; keine Schuld, keine Strafe* bildet also das komplette Schema dieser Anschauung.

Es liesse sich denken, dass sich das Vergeltungsgefühl noch einen Schritt weiter betätigte, dahin nämlich, dass die böse *Gesinnung* als solche von der Vergeltung betroffen werden solle, auch wenn sie *gar nicht* verwirklicht worden wäre. Gewiss liegt eine solche Forderung als äusserste Konsequenz des Vergeltungsinstinktes in der menschlichen Natur beschlossen. Die augenfällige Unmöglichkeit aber diese im Rechtsleben zu verwirklichen treibt die Menschen dazu sie von dem rechtlichen auf das religiöse Gebiet hinüberzuführen, von der Instanz der menschlichen Gerechtigkeit zu der der göttlichen. Von einem Ansatz im kanonischen Recht abgesehen, hat sie sich in keiner Rechtsordnung geltend gemacht — und hat es nicht können: anstatt dieser Analogie zwischen Verbrechen und Sünde zu folgen hat die rechtliche Vergeltung immer mit ihrer ursprünglichen Quelle, dem allgemeinen menschlichen Rachegefühl, Fühlung behalten, welches gegen die noch nicht irgendwie verwirklichte Gesinnung nur wenig reagiert.

Insofern Strafensysteme mehr entwickelter Art vom Vergeltungsprinzip bestimmt gewesen sind, ist die Grundlage also die in einer Handlung hervorgetretene böse Gesinnung gewesen, und die Forderung des Vergeltungsgefühls, des »Rechtsgefühls», hat darin bestanden, dass diese böse Handlung von einem entsprechenden Übel, einem Leiden des Verbrechers, betroffen werden solle. Als die Rache des näheren reguliert wurde, ist dies anfänglich oft nach dem Talionsprinzip, »Auge um Auge, Zahn um Zahn», geschehen, dessen Einführung also seinerzeit eine Modifikation, eine Begrenzung der Rache bedeutet hat: das Übel der Strafe darf *nicht weiter* gehen als bis zum Aufwiegen des Übels des Verbrechens. Doch auch nachdem man sich des Versuches begeben hat in der Strafe das Verbrechen zu kopieren, ist sie nach der Grösse der im Verbrechen enthaltenen Rechtsverletzung abgestuft worden. Bisweilen ist die Vergeltung während langer Zeiten, wenigstens innerhalb grosser Teile des Strafrechts, nach dem objektiven Wert des verursachten Schadens begrenzt worden, welcher zu diesem Zwecke oft im voraus (z. B. durch umständliche Kataloge verschiedener Körperschäden) von dem Gesetz in Geld evaluiert worden ist. Eine derartige rein objektive Vergeltung, welche sich nicht an das Leiden des Verbrechers kehrt, sondern nur an den Wert seiner Leistung, ist in der Tat weniger Strafe als Schadensersatz (einfacher oder mehrfacher). Geschichtlich hat diese Auffassung in grosser Ausdehnung die Rolle einer vermittelnden Übergangsstufe zwischen der Selbstrache und der staatlichen Strafe gespielt, und die moderne Geldstrafe kann im wesentlichen als eine Reminiszenz dieses objektiven Standpunktes erachtet werden. Wenn sich auch die Vergeltung mehr subjektiv vertieft, ist doch aus dem reinen Vergeltungsbestreben keine andere Seite der Strafe abzuleiten als diejenige ein nach dem verursachten Übel »gerecht» abgewogenes Leiden des Verbrechers zu sein. Allenfalls liesse sich denken, dass die Vergeltung, wie es bisweilen in der modernen Theorie dargestellt wird, nicht nach der Schwere des einzelnen Verbrechens sondern nach dem im ganzen hervorgetretenen Grade der Antisozialität ausgemessen würde (*Schuld* natürlich vorausgesetzt), womit sich die Vergeltungsstrafe der Präventionsstrafe so stark nähern würde, wie es ihr überhaupt möglich ist.

Wenn die Strafe aber nicht mehr auf der alleinigen Befriedigung des Vergeltungsgefühls aufgebaut wird, sondern wenn sich die Gesellschaft des dunkeln Zweckes bewusst wird, welcher von vornherein der innerste Grund des Rachegefühls war, nämlich der Reaktion gegen die Gesellschaftsgefahr, so muss sich die Gesellschaft sagen, dass, wenn auch das Leiden ein wesentliches Element der Strafe ist, sowohl wegen seiner Wirkung auf den Verbrecher wie auf die Allgemeinprävention, doch auch andere Massnahmen, z. B. bessernder Natur, nötig sein können um nach Möglichkeit der Gesellschaftsgefahr entgegenzuwirken — ein Gedanke, welcher, wenn man mit ihm Ernst macht, offenbar ein auf Vergeltung fussendes Strafensystem ganz und gar umgestalten kann. In diese Richtung ist indessen die moderne Entwicklung nicht nur durch eine kaltblütige Erörterung geführt worden, welche der beiden Verfahrungsweisen auf die Länge für die Gesellschaft nützlicher sei, sondern auch durch die immer mehr heranreifende Einsicht, dass das Verbrechen, was man auch von dem freien Willen halten mag, dennoch nicht, wie die Gesellschaft nun einmal beschaffen ist, auf die Rechnung der *freien Bosheit* des Individuums zu schreiben ist. Man muss hier vor allem des früher berührten Typus von Verbrechern eingedenk sein, die in einem Milieu von Alkoholisten, Prostituierten, Dieben und Verbrechern jeder Art geboren und erzogen sind. Sie sind freilich in Schulen u. dgl. von abstrakten Lehren entgegengesetzten Inhalts gestreift worden. Was vermag aber die abstrakte Regel gegen die lebendigen Beispiele, welche sie beständig vor Augen haben? Welcher Mensch würde sich auch nur einen Augenblick allen Ernstes einbilden können, dass aus ihm, wenn er zufälligerweise in solchen Verhältnissen aufgewachsen wäre, etwas anderes hätte werden können als ein Verbrecher; wer wollte, sich auf die Freiheit des Willens verlassend, mit seinem Kinde das Experiment wagen es in eine solche Umgebung hineinzusetzen? Und auch wo die Macht der äusseren Umstände nicht so überwältigend ist wie in dem genannten Falle, wäre es doch — die Existenz eines freien Willens angenommen — nicht nur schwierig sondern unmöglich in der Menschenseele durch eine Subtraktion der Einwirkung der äusseren Umstände den Rest zu ermitteln, welcher die freie Bosheit ausmachen sollte.

Aus den genannten vereinigten Gründen ist das auf *Prävention* gegründete Strafrecht dazu gekommen, das in der Strafe enthaltene Leiden als ein Mittel anzusehen nicht um dem Verbrecher Übel für Übel zuzufügen sondern um ihn und andere von antisozialen Handlungen abzuhalten: *»Leiden und kein Übel» (Krohne)* lässt sich insofern als Devise über dieses Strafrecht setzen. Nicht nur das; das Präventivstrafrecht ist auch dahin gekommen bei gewissen Handlungen, welche nach dem Vergeltungsprinzip mit gewöhnlicher Strafe belegt worden wären, auf die Forderung des Leidens zu verzichten und demgemäss zu einer ausserhalb des überlieferten Strafbegriffes fallenden Massnahme überzugehen — vorausgesetzt, dass diese Massnahme wirklich in präventiver Hinsicht (wobei auch die Allgemeinprävention genau zu beachten ist) zweckmässiger ist als die Strafe.

Indessen wenn sich also die Strafe in der Hand des modernen Strafrechts in ein Mittel verwandelt die Willen der Verbrecher und anderer Rechtsgenossen zu beeinflussen, und wenn also schon in diesem Grundgedanken die Voraussetzung eingeschlossen liegt, dass der menschliche Wille beeinflussbar ist, so hindert dies nicht, dass auch der Gesetzgeber unserer Tage gleichzeitig voraussetzen muss, dass sich der Verbrecher selbst, — gleichwie alle anderen Menschen, sei es auch durch eine psychologische Illusion — als freie Ursache seiner Handlungen auffasst. Wie wahr es auch ist, dass die Strafe (bessernd oder abschreckend) *sinnlos* wäre, wenn sich der Wille des Verbrechers nicht von Ursachen beeinflussen liesse, ebenso sicher ist es, dass die Strafe oft *aussichtslos* wäre, wenn sich der Verbrecher nicht frei glaubte und fühlte, wenn er z. B. nicht imstande wäre *Reue* zu empfinden und demgemäss zu glauben, anders gehandelt haben zu können, als er wirklich handelte, sondern wenn er als konsequenter Fatalist seine Handlungen sowohl in der Vergangenheit wie in der Zukunft als absolut vorausbestimmt ansähe. M. a. W. die Rechtsordnung muss von den beiden Voraussetzungen ausgehen, dass sich der Mensch frei *glaubt* und dass er doch kausalbestimmt *ist*. In der Tat finden sich diese scheinbar unvereinbaren Voraussetzungen stets vor, dank jener psychologischen Illusion, welche für die erfolgreiche Durchführung der Strafe unerlässlich ist.

Mit dem Gesagten hängt zusammen, dass der Gesetzgeber, wenn er das Strafrecht statt auf Vergeltung auf Prävention grundet, oder vielmehr, wenn er den schon früher rudimentär vorhandenen Präventionsgedanken konsequenter durchführt, nicht erwarten darf, dass ihm die gemeine Rechtsanschauung folgt. Da, wie gesagt, die psychologische Wurzel des eigenen Reue- und Schamgefühls dieselbe ist wie diejenige des Rachetriebs gegen andere Individuen, wird die Strafe im Volksbewusstsein nicht in erster Linie ein Medikament bedeuten, eine Kur gegen die Sozialgefahrlichkeit, sondern eine Stempelung des Verbrechens zur verwerflichen Handlung, geeignet die Scham und Reue des Individuums zu erwecken. Entsprechend wird der Bestrafte — wenn die Strafe ernsterer Art ist — von den Rechtsgenossen nicht als heilbehandelt sondern als gebrandmarkt angesehen werden, und nur zu leicht wird diese infamierende Seite der Strafwirkung die hauptsächliche. Diese Anschauung ändert sich nicht leicht, mag auch der Gesetzgeber zur bewussten Auffassung der Strafe als blossen Mittels gegen die Gesellschaftsgefahr übergehen. Dem Volksbewusstsein bleibt der Verbrecher auch weiterhin das aus freien Stücken böse, verwerfliche Individuum, welches durch die Strafe als solches gekennzeichnet worden ist. Eine steigende Einsicht hat den Menschen davon abgebracht unorganischen Dingen, die ihm hinderlich sind, zu zürnen, kaum aber Tieren oder gar »unzurechnungsfähigen» menschlichen Individuen; sie hat kaum das auf früheren Kulturstufen der angeborenen geistigen oder körperlichen Minderwertigkeit oft anhaftende Element der Scham oder Verachtung vollständig entfernt. Man wird darum mit der Möglichkeit oder Wahrscheinlichkeit rechnen müssen, dass die Strafe zu allen Zeiten und unter allen Umständen, unabhängig von der sonst waltenden Weltanschauung, in den Augen des Volkes nicht ein Heilmittel gegen eine gewisse ethische Krankheit, sondern zunächst ein Urteil über eine Person, das sie für die Folge brandmarkt, bedeuten wird; dass also die blosse Tatsache ihrer Verbüssung für den Bestraften einen *Flecken* bedeutet (wenn er rein genug ist um befleckt werden zu können), und somit ein oft weit schwereres Leiden als das in der Strafe selbst unmittelbar enhaltene. Mag auch ein kühles Nachdenken den Menschen in vielen Fällen lehren, dass er selbst, von vornherein in die Umgebung des Verbrechers versetzt, sich mit aller Wahrscheinlichkeit in derselben Weise wie dieser entwickelt hätte, ja, mag er die Willensfreiheit theoretisch noch so bestimmt verneinen, er wird sich dennoch, wenn es drauf und dran kommt, nur wenig von jener naiven, in der Menschennatur tief begründeten Betrachtungsweise freimachen können. Nicht nur das; eine weitere Folge dieser Nebenwirkung der Strafe ist, dass die

Gleichheit vor dem Gesetz, welche als eine Haupterrungenschaft des modernen Rechts gilt, innerhalb des Strafrechts in vielen Fällen ein leeres Wort wird: ein paar Monate Zuchthaus ist dem schon mehrmals vorbestraften Verbrecherproletarier eine fast gleichgültige Sache, während sich dieselbe Strafe für den erstmaligen Verbrecher, vor allem wenn er eine höhere Stellung in der Gesellschaft eingenommen hat, einer moralischen Vernichtung stark nähert. Trotz alledem ist diese gemeine Anschauung unter den gegenwärtigen Verhältnissen als ein Vorteil anzusehen. Dieselbe ist vorläufig der beste Verbündete der Gesellschaft im Kampfe gegen die Kriminalität, oft weit wirksamer als die generalprävenierende Seite des Strafleidens selbst; nach vielen Seiten hin macht sie die Strafe gefürchteter, als sie sonst sein würde. Der Gesetzgeber wird sie darum, auch wenn er ihren Grund als eine psychologische Illusion ansieht, kaum wegwünschen können, wenigstens so lange es ihm nicht gelungen ist, Strafe und Kriminalpolitik zu weit grösserer Vollkommenheit als gegenwärtig auszubilden. Dabei muss er indessen, indem er von ihr in generalpräventiver Hinsicht Nutzen zieht, sein Bestes tun, um ihren der Individualprävention schädlichen Wirkungen (betreffs der Aussicht das verbrecherische Individuum der Gesellschaft wieder als brauchbares Glied einzufügen) vorzubeugen oder sie zu mindern.

Der Umstand, dass das auf Vergeltung fussende Rechtsgefühl der Gesellschaft oft der Verbündete des Gesetzgebers ist, würde ihn an und für sich dazu mahnen, bei Verfolgung des Präventionsgedankens dieses Gefühl soweit wie moglich zu schonen, mag er es auch theoretisch nicht gutheissen. Es tritt aber hier der wichtige, allgemeinere Grund hinzu, dass es für den Bestand und die Wirkung der Rechtsordnung unumgänglich nötig ist, dass die Rechtsgenossen im Rechte ihre eigene Anschauung erkennen, dass sie sozusagen an das Prinzip des Rechtes *glauben*. Für das Strafensystem ist hieraus vor allem *eine* wichtige Folgerung zu ziehen: Die Prävention muss kapitulieren, wenn dieselbe eine wesentlich *strengere* Behandlung erheischen sollte als mit dem Vergeltungsprinzip verträglich wäre. Dies ist der Fall betreffs derjenigen Kriminalität, welche zwar unausrottbar erscheint, sich aber — wenigstens vorläufig — auf geringe Äusserungen beschränkt: aus präventivem Gesichtspunkte würde man sich hier, wenn überhaupt eingeschritten werden sollte, schwerlich mit weniger als permanenter Unschädlichmachung begnügen können — eine Massregel, welche, jedenfalls insofern sie den Charakter der Strafe hätte, das Rechtsgefühl der Rechtsgenossen gar zu sehr beleidigen würde. Der umgekehrte Fall, dass die Prävention keine oder nur eine geringe Strafe, und das Rechtsgefühl eine schwere Strafe erheischt, ist weniger praktisch; bei den diesbezüglichen Verbrechen ist es meistens nur die *Individual*prävention, welche von der Strafe absehen könnte; der *general*präventive Gesichtspunkt fordert hier, übereinstimmend mit dem Vergeltungsgefühl, eine nachdrückliche Reaktion (vgl. unten über die akute Kriminalität bei schweren Verbrechen). Würde indessen ein rigoroses »Rechtsgefühl» bei geringeren Verbrechen eine Strafe fordern, wo sich nicht nur die Individual- sondern auch die Generalprävention etwa mit einer Strafdrohung in der Form der bedingten Verurteilung, mit einer Erziehungsmassregel usw. begnügen könnte, so würde freilich dieses Rechtsgefühl weichen müssen. Hier muss sich der Gesetzgeber sagen, dass die Strafwirkung — sei's ihm lieb oder leid — zwei

Seiten hat, die prävenierende und die infamierende, und dass, wo jene nicht notwendig ist, diese aus jeder ernsteren Strafe, zumal der Freiheitstrafe, ein *reines* Übel macht.

Indessen ist es nicht nur das Vergeltungsgefühl, welches den Gesetzgeber zur Abweichung von der reinen Prävention nötigen kann. Das Strafrecht ist wie jedes Recht eine Resultante vieler verschiedener Einflüsse, ein Ausgleich zwischen grossenteils entgegengesetzten Interessen: und das in dem Präventionsgedanken enthaltene Interesse die Sozialgefahrlichkeit der Individuen zu überwinden, darf nicht allein herrschen. Von diesen modifizierenden Interessen wirken mehrere auf das Strafen*system* nicht so stark ein um hier eine Erörterung zu verlangen. So etwa das Interesse der *res iudicata* (der tunlichsten Aufrechterhaltung des einmal rechtskräftigen Urteils) oder das der Strafforderung des Staates bisweilen entgegenstehende, die Verfolgung gewisser Verbrechen begrenzende Interesse des *Verletzten* Um so wichtiger für die Aufstellung des Strafensystems ist dagegen der Ausgleich zwischen dem Streben des Staates überall gegen alle und jede Sozialgefährlichkeit einzuschreiten und der Forderung des Individuums nicht unzeitig oder übermässig diesem Eingriff ausgesetzt zu sein. Auch in dieser weitreichenden Frage ist eigentlich nur die eine Hälfte für das Strafensystem von Belang, nämlich diejenige, welche das »materielle» Strafrecht betrifft. Soweit es sich dagegen um die Eruierung der Sozialgefährlichkeit handelt, also z. B. um das Beweisverfahren, welches sich der Staat gegen das verdächtige Individuum erlauben darf, werden wir sie hier unbesprochen lassen.

Unterstellt man ein an die genannte Rücksicht absolut nicht gebundenes Strafrecht, so würde dies eine

Befugnis für den Staat bedeuten die Sozialgefährlichkeit zu bestrafen (oder sonst dagegen zu reagieren), gleichviel wo und in welcher Form sie sich offenbarte. Freilich brauchte eine solche Grundanschauung ein Strafrecht noch nicht überflüssig zu machen; vielmehr würde es sich auch in einer solchen Gesellschaft höchst vorteilhaft zeigen, etwa solche Handlungen als strafbare *besonders* hervorzuheben, welche erfahrungsmässig des öfteren vorgenommen würden. Die für diese Fälle besonders aufgestellte Strafdrohung würde, wie vorher betont, die grosse Mehrzahl der Rechtsgenossen abhaltend beeinflussen und würde natürlich den Individuen in ihrer Unterscheidung des für die Gesellschaft Gefährlichen und nicht Gefährlichen ein Führer sein. Eine begrenzende Bedeutung aber würde ein solches Strafgesetz nicht haben. Gesetzt ein Fall von Sozialgefährlichkeit fiele nicht buchstäblich unter irgend eins der aufgestellten Verbrechen, so würde in einer solchen Rechtsordnung der analogischen Bestrafung dieses Falles laut einer dem Tatbestand nach naheliegenden Gesetzesbestimmung nicht das geringste Bedenken entgegenstehen; wäre überhaupt keine solche Analogie heranzuziehen, so würde man einfach strafen ohne sich auf irgend welche Gesetzesbestimmung zu berufen. Dies ist jedoch nur die eine Seite; die andere ist die, dass die Strafe, die Reaktion, ebenso unbestimmt werden würde wie ihre Voraussetzung, der Tatbestand. Der Richter würde das Individuum schlechthin für »strafwürdig« erklären ohne die Strafe im voraus abzustecken, oder aber, wenn das Urteil sie näher präzisierte, würde dies nur die Bedeutung eines Experiments haben, das sich ohne weiteres während der Vollstreckung ändern liesse, wenn es sich unzulänglich oder ungeeignet zeigte.

Im Laufe der geschichtlichen Entwickelung treten die

beiden genannten Seiten der Ungebundenheit des Strafrechts hervor, wenn auch keineswegs in demselben Grade. Während die *Strafe* für ein gegebenes Verbrechen, wenigstens von der Einführung des Talionsprinzips an, in früheren Zeiten oft schon in den Gesetzen nach Vergeltungsrücksichten absolut bestimmt war, und auch wo dies nicht der Fall ist, jedenfalls im Urteil wenigstens ihrer Art nach bezeichnet wurde, hat dagegen die Voraussetzung der Strafe, das *Verbrechen*, in früheren Zeiten gar nicht den bestimmt fixierten Charakter besessen wie im modernen Strafrecht. Die oben genannte analogische Auslegung der Strafgesetze war nicht Ausnahme sondern Regel. Die auf der Hand liegende Gefahr aber der Unbestimmtheit sowohl hinsichtlich der Tatbestände wie auch oft etwa der Zeitlänge der Freiheitstrafe, dass nämlich die Freiheit der Staatsbehörden in der Beurteilung des Vorhandenseins der Sozialgefährlichkeit in despotische Willkür ausarten und für das Individuum eine unerträgliche Rechtsunsicherheit herbeifuhren könne, hat sich, wie bekannt, zeitweise praktisch sehr fühlbar gemacht. Die Reform des Strafverfahrens wurde bei dem Angriffe der französischen Revolution gegen *l'ancien régime* als eine der Hauptforderungen aufgestellt, und die *Bastille*, das Staatsgefängnis, wurde zum Symbol des Despotismus überhaupt. Dementsprechend ist zum Eckstein fast jedes modernen Strafrechts, gemäss den Forderungen der Aufklärungsphilosophie, der Satz geworden: *keine Strafe ohne ausdrückliche Gesetzesbestimmung (nulla poena sine lege poenali).* Da nunmehr das Strafgesetz nicht analogisch ausgelegt werden darf, muss also jedes Verbrechen *genau* beschrieben werden, damit sich für jeden besonderen Fall durch die Auslegung des Gesetzes entscheiden lasse, ob ein Verbrechen vorliegt, ob nicht. Diese Forderung setzt insgemein voraus, dass sich die Sozialgefährlichkeit in *einer* bestimmten Handlung konzentriert hat. Obgleich jemand durch allgemeinen Egoismus usw. das ganze Leben hindurch weit grössere Sozialgefährlichkeit gezeigt haben und der Gesellschaft ungleich grösseren Schaden angetan haben mag als es mancher Verbrecher durch seine konzentriert gefährliche Handlung getan hat, wird aus jenem Verhalten kein Verbrechenstatbestand geschaffen werden können. Nurmehr in der Peripherie des Strafrechts trifft man solche schwebende Tatbestände, wie dass »ein Geistlicher *durch seine Lebensführung* offenbaren Anstoss erregt», oder dass ein Soldat seine Dienstpflichten nicht so erfüllt wie es »einem *ehrlichen und tapferen Kriegsmanne* geziemt», oder dass ein Seemann nicht beobachtet »was ihm *als gutem Seemanne* obliegt» u. s. f. Wohl mag es dagegen, in primitiven, den Gesetzen zivilisierter Gesellschaften nachgebildeten Strafgesetzen noch immer vorkommen, dass das Gesetz, nach Aufzählung von allerlei Verbrechen, obendrein etwa demjenigen, der ein unverbesserlicher Schurke ist, eine Strafe androht (*Jav.* Naw-prad. 35). — Da nun ein jeder Tatbestand gegen straffreie Handlungen sorgfältig abgegrenzt werden muss, so müssen auch die besonderen Tatbestände gegen einander abgegrenzt werden. Eine Unsicherheit der Abgrenzung der Verbrechen gegen einander bedeutet meistens eine entsprechende Unsicherheit der Grenze zwischen dem Strafbaren und dem Straffreien. Die von Laienseite stets wiederkehrenden und mitunter auch von fachmännischer Seite vernommenen Mahnungen betreffs der relativen Nutzlosigkeit der auf die Ausmeisselung und gegenseitige Begrenzung der besonderen Tatbestände verwendeten Sorgfalt übersehen vollständig den unmittelbaren Zusammenhang zwischen dieser durchgeführten Begrenzung und dem soeben erwähnten Kardinalsatz des modernen Strafrechts.

Mit der Durchführung jenes Satzes wird also die Bestrafung der Sozialgefährlichkeit an die unerlässliche Bedingung geknüpft, dass diese Gefährlichkeit in einem Verbrechen, einer von dem Strafgesetz vorgesehenen Handlung Gestalt genommen hat, und jeder anderweitigen Gesellschaftsgefährlichkeit, gleichviel wie intensiv, ist mit Strafe nicht beizukommen. Derjenige z. B., welcher durch einen ausserhalb der Markscheide des Strafrechts fallenden groben Missbrauch eines ökonomischen Instituts, etwa der Aktiengesellschaft, eine ungleich grössere Sozialgefährlichkeit an den Tag legt als durch manches Vermögensverbrechen geschieht, muss straffrei ausgehen, und wie auch das Strafgesetz mag ergänzt werden, immer wird es Lücken genug enthalten, den Individuen zu Nutzen, welche mit Sozialgefährlichkeit genug Klugheit vereinigen um sich in den Netzen des Gesetzes nicht fangen zu lassen. Gewiss ist dies ein recht schwacher Punkt der modernen Rechtsordnung; andererseits ist aber daraus, gemäss der obenerwähnten Forderung der Aufklärungsphilosophie, die Gewährleistung gegen staatliche Willkür als Gewinn hervorgegangen. Die Rechtssicherheit des einzelnen Rechtsgenossen ist prinzipiell über das ebenfalls wichtige Interesse gegen jede beliebige Sozialgefährlichkeit einschreiten zu können gesetzt worden.

Soll nun dieser Satz künftig in dem Strafrechte hinsichtlich der Aufstellung der *Verbrechen* aufrecht erhalten werden, indem die Strafe nur in bestimmten, von dem Gesetz vorgesehenen Fällen verwendet werden darf, so sollte kein Zweifel darüber bestehen, dass die Aufrechterhaltung selbigen Satzes auch betreffs der Beschaffenheit der *Strafe* nötig wird. Enthielte das Strafgesetz nur eine Aufzählung von vielerlei grösseren und geringeren Verbrechen nebst einer allgemeinen Erklärung, dass derjenige welcher irgend eine der aufgezählten Handlungen vorgenommen, und sonst niemand, bestraft werden dürfe und dass es auf die freie Prüfung der Behörden ankäme, *wie* er zu strafen sei, so wäre man zu der alten Willkür zurückgekehrt; freilich mit der Einschränkung, dass nur das Individuum, welches ein Verbrechen, wenn noch so gering, begangen hätte, ihr unterworfen wäre, andererseits aber mit der Erweiterung, gegenüber dem Rechte früherer Zeiten, dass die damals durch das Vergeltungsgefühl bewirkte Einschränkung (etwa *nur* Talion!) ebenfalls in Wegfall käme. Eine einzelne geringe Übertretung, welche den *Anlass* gegeben hat, ein Individuum unter Behandlung zu nehmen, dem sonst nicht gesetzlich beizukommen wäre, würde also die Möglichkeit eröffnen es etwa zeitlebens eingesperrt zu halten, insofern sich während des Vollzuges sein Charakter, laut Prüfung der Behörden, gesellschaftsgefährlich und unverbesserlich zeigen sollte. Dieses Ergebnis — gegen den Sozialgefährlichen gar nicht reagieren zu dürfen, so lange er keine in dem Strafgesetz vorgesehene Handlung begeht, aber ohne jede Grenze reagieren zu dürfen, sobald er eine solche, wenn auch ganz geringe Handlung begangen hat — schliesst offenbar einen Widerspruch in sich. Eine Rechtsordnung hinwiederum, welche diesem Widerspruch durch eine *allseitige* Aufhebung des Satzes *nulla poena cet.* abhelfen wollte, indem die Gesellschaftsmacht frei zu entscheiden hätte, nicht nur *wie* sondern auch *ob* gegen sozialgefährliche Individuen einzuschreiten sei, hätte kaum Aussicht — auch nicht in entfernter Zukunft — lange zu bestehen. Wenn eine Strafe existierte, die nur ein Medikament wäre, ohne schädliche Nebenwirkungen jede eventuelle Sozialgefährlichkeit des Individuums vertilgend, so zu sagen alle antisozialen Keime sterilisierend, so läge natürlich hinreichend Grund vor, diese Kur nicht nur den offenkundig Sozialgefährlichen sondern um desto grösserer Sicherheit wegen den Rechtsgenossen in Bausch und Bogen zu administrieren. Die wirkliche Strafe aber ist von diesem Ideal weit entfernt und muss es immer bleiben; je grösser ihre Dose, desto gefährlicher ihre Nebenwirkungen. Schon die Internierung der gewöhnlichen Geisteskranken, ohne jede Beimischung von Kriminalität, gibt ja bei der Ausführung nicht selten den Anlass zu Reibungen, indem die Voraussetzung, nämlich das Bestehen resp. fortwährende Bestehen der Geisteskrankheit bestritten wird — auch von anderen als dem direkt Betroffenen. Solche Fälle lassen einigermassen ahnen, was geschehen würde, wofern als Bedingungen für das Einsperren und Zurückhalten in der Strafanstalt gesetzt würden zunächst eine *freie* Prüfung, ob der betreffende Rechtsgenosse überhaupt sozialgefährlich sei, und weiterhin eine fortwährende *freie* Prüfung, während der Vollziehung, inwiefern er *immer noch* sozialgefährlich sei. Es leuchtet ein, wie unversöhnlich ein solcher Vorgangsmodus sich derjenigen Vorsicht betreffs der Rechtssicherheit des Individuums entgegenstellt, welche in dem modernen Prozesse z. B. in dem Prinzip der Öffentlichkeit der Verhandlung, des Advokatenzwanges usw. Ausdruck gewonnen hat. Dann ist auch wohl zu beachten, dass sich die Bedenken gegen das Unbestimmtheitsprinzip nicht nur unter dem Gesichtspunkte der Rechtssicherheit des Angeklagten, laut dem Satze *nulla poena cet.*, geltend machen, sondern auch aus dem gerade entgegengesetzten. Despotismus gegen den Verbrecher ist verwerflich genug, noch schlimmer aber zu viel »Humanität« gegen ihn auf Kosten der — vorläufig unbekannten — Rechtsgenossen, welche von den Rechtsverletzungen des allzu leichtfertig herausgelassenen Verbrechers betroffen werden; je humaner gegen jenen, desto inhumaner gegen diese. Angesichts der Tatsache, dass in *Elmira* (N. Y.) Gefangene, für schwere Verbrechen zu (relativ) unbestimmter Strafe mit 10—20 Jahren Höchstmass verurteilt, *durchschnittlich* nach 21 Monaten in Freiheit gesetzt worden sind (während gleichzeitig die geringeren Verbrecher, deren Höchstmass 5 Jahre nicht überschritten hat, durchschnittlich erst nach 27 Monaten entlassen worden sind, indem sich diese, welche weniger zu fürchten gehabt haben, auch weniger angestrengt haben um im Gefängnis eine möglichst vollkommene Disziplin zu beobachten) darf man die soeben ausgesprochene Besorgnis nicht als unbegründet bezeichnen. Eine gewisse »Humanität« in der Auffassung der beurteilenden Behörde bewirkt nur zu leicht eine Verwechslung der Fähigkeit eines korrekten Benehmens im Gefängnis mit wirklicher Ungefährlichkeit. Übrigens kommt, bei einer so starken Verkürzung der Strafe, auch die keineswegs geringe Gefahr für die Generalprävention in Betracht. — Kaum weniger schädlich als die beiden genannten Übertreibungen wäre die Ungleichmässigkeit, welche sich in den verschiedenen Fällen geltend machen würde, indem, unter den vielen an dem Vollzug teilnehmenden Organen, einige von dem Richtigen nach der erstgenannten, andere nach der letztgenannten Seite hinneigen würden — eine Unannehmlichkeit, der nur auf dem Papiere durch die Unterordnung dieser Organe unter eine zentrale Behörde abgeholfen würde. — Es kommt hinzu, selbst wenn man die grösste Urteilsfähigkeit und

Massvollheit der beurteilenden Organe voraussetzt, dass die Merkmale eingetretener »sozialer» Besserung weit ungewisser, ungleich weniger objektiv sind, als durchschnittlich innerhalb des medizinischen Gebiets. — Der zur Zeit immer öfter auftauchende Gedanke, dass die Reaktion gegen die Sozialgefährlichkeit überhaupt in Analogie mit der Krankenpflege zu lösen sei und demnach die »Individualisierung» bei jener ebenso weit zu treiben sei wie sie bei dieser zu erstreben ist, übersieht also *vor allem* die ganz eigenartige, für den Rechtsgenossen oft verhängnisvolle Bedeutung der Strafe, welche sie nur vorbehaltlich grosser Vorsicht zulässig macht und jeden Vergleich mit einer medizinischen Kur ausschliesst; *ferner* die Gefahr, dass bisweilen die Willkür umgekehrt eine ungehörige Beschränkung der Strafe und somit eine Beeinträchtigung sowohl der Individual- wie der Generalprävention bewirken könne; *endlich* die grössere Unsicherheit der Diagnose. Alle diese Gründe vereinigen sich dahin, dass der Gesetzgeber die Individualisierung nicht auf die äusserste Spitze treiben darf, während freilich andere Rücksichten, individualpräventiver Natur, es wünschenswert machen, dass sich die Gesellschaftsreaktion mehr individualisiere als es jetzt der Fall ist. Es gilt hier die richtige Mittellinie zwischen der Skylla der Willkür und der Charybdis der Schablone zu entdecken.

Soll in dem modernen Rechte, wo es sich nicht um eins der schwersten Verbrechen handelt, ein Unschädlichmachen auf absolut unbestimmte Zeit, also eventuell lebenslänglich, vorkommen, so darf dies darum nicht anders geschehen als in solchen besonderen vom Gesetz genau bezeichneten Ausnahmefällen, in denen die wiederholte und vergebliche Verwendung der Strafe es schon in dem Augenblick des Urteilssprechens wahrscheinlich macht, dass man es mit einem sehr schwer zu bessernden Individuum zu tun hat. Die einzigen zwei Kulturländer, welche bis jetzt *absolut* unbestimmte Strafurteile eingeführt haben, nämlich *N. S. Wales* (*Hab. Crim. Act* 1905) und *Neu-Seeland* (jetzt *Crimes Act* 1908), haben auch, besonders das letztgenannte, die Verwendung auf solche Fälle beschränkt, welche der genannten Forderung einigermassen gerecht werden. Die Frage stellt sich doch wesentlich anders die »Inkapablen» betreffend, da die gegen diese verwendete Reaktion ja nicht als Strafe aufzufassen ist und darum von dem Satze *nulla poena cet.* nicht berührt wird. Etwas Entsprechendes gilt in dem Masse wie sich der Fall der Inkapazität *nähert;* vgl. unten wegen der Kriminalität der Jugendlichen und der Abnormen.

Aus demselben Grundsatze ist ferner zu folgern, dass bei der Auswahl von Strafmitteln durch den Gesetzgeber die präventive Stärke des Mittels nicht allein entscheiden darf, sondern auch die jeweilige Zeitanschauung betreffs der jedem solchen Mittel eigenen Schwere oder Schädlichkeit für den Verbrecher. Unter mehreren in präventiver Hinsicht sich einigermassen gleichkommenden Mitteln wird mithin die Wahl verschiedener Zeiten, je nach deren Wertsetzung, sehr verschieden ausfallen, und das Mittel, welches die eine Zeit unbedenklich verwendet, wird von der anderen als inhuman, allzu schwer, den »Menschenwert» des Verbrechers verletzend usw. verworfen werden. Die Verstümmelung z. B., welche ihrerzeit eine sehr grosse Rolle in dem Strafensystem gespielt hat, ist vielleicht in allgemeinpräventiver Hinsicht wie auch betreffs der Individual*abschreckung* den meisten anderweitigen Strafmitteln überlegen. Dennoch würde in unserer Zeit von ihr keine Rede sein können, und auch jene Verwendung der Kastration (oder sonstigen Sterilisierung) um die Fortpflanzung der Verbrecheranlage zu verhindern, welche in der modernen Diskussion erwogen wird, kommt — wenigstens bis jetzt — wohl nur als ein Unikum vor *(Indiana 1907).* — Andererseits wird eine Zeit, da fast jeder freie Mann, der nicht im Kampfe fiel, sein Leben mit eigener Hand endigte, dazu geneigt haben die Freiheit weit höher als das Leben zu setzen und folglich sogar eine kürzere Einsperrung für schwerer als die Todesstrafe angesehen haben. Findet man doch, noch in der römischen Kaiserzeit, dass Hadrianus einen seiner Präfekten, weil dieser grausam genug gewesen war, einen römischen Bürger wie einen Sklaven zur Strafarbeit in den Bergwerken zu verurteilen, zurechtwies, und ihn hiess den Verbrecher sogleich hinrichten zu lassen.

Mit Beobachtung der jetzt berührten Modifikationen, hauptsächlich durch Rücksichten teils auf das *Rechtsgefühl* teils auf *die Rechtssicherheit* der Rechtsgenossen veranlasst, muss die »symptomatische Reaktion», mithin auch das Strafensystem als ein Teilgebiet von dieser, so konsequent wie möglich auf *Prävention* gegründet werden. Die Neutralisierung der Sozialgefahr, welche also die eigentliche Aufgabe der Reaktion wird, sie mag nun in Strafe oder in einer sonstigen Präventivmassregel bestehen, muss, laut dem vorher Gesagten, sowohl die in der Seele des Verbrechers wie auch, soweit es die Strafe betrifft, die in der Tatsache des Verbrechens liegende Gefahr berücksichtigen (Individualprävention und Generalprävention).

Die Massregel, welche sich gegen den Sozialgefährlichen selbst richtet, kann ihn auf eine äussere, physische Weise oder von innen, psychisch, anfassen. Unter den *physischen* Gesichtspunkt fallen zunächst, in dem modernen Rechte, neben der Todesstrafe, alle Formen des lokalen Zwanges, vor allem die in der Gefängnisstrafe enthaltene Freiheitsentziehung (natürlich aber auch das Zurückhalten, durch Zwang, in der Erziehungsanstalt, Arbeitsanstalt, Pflegeanstalt, sowie Deportation, Verbot einen gewissen Ort zu verlassen oder zu betreten usw.). Die physischen Mittel haben indessen nicht immer die Form eines lokalen Zwanges. Das Verbot z. B. einen gewissen Beruf oder Erwerb auszuüben ist auch hierher zu stellen. Die Wirkung einer derartigen Massregel auf den Verurteilten ist ja zunächst weder Abschreckung (wenigstens, insofern nicht etwa das Verbot nur für gewisse Zeit gilt) noch Besserung, sondern einfach die, dass der Verbrecher der Gelegenheiten gewisse Verbrechen zu begehen verlustig geht, welche ihm die Ausübung des betreffenden Berufes oder Gewerbes bieten würde. Das Verbot gewisse Handlungen vorzunehmen (z. B. politische Rechte auszuüben) gehört ebenfalls hierher. In dem Masse wie solchen Ehrenstrafen als dem schwedischen *förlust af medborgerligt förtroende* (wörtlich: »Verlust des bürgerlichen Vertrauens») eine präventive Wirkung zuzugestehen ist, muss auch diese nicht in Abschreckung und noch weniger in Besserung, sondern in Unschädlichmachung bestehen: die Gelegenheit gewisse Verbrechen zu begehen soll dem Verbrecher erschwert werden, indem seine Bewegungsfreiheit in der Gesellschaft gehemmt und eine Art von Warnungsmarke ihm aufgedrückt wird. Letztgenanntes Beispiel zeigt besonders deutlich, dass diese Seite der Individualprävention leicht in unversöhnlichen Streit mit einer anderen Seite derselben geraten kann, nämlich der bessernden, welche so lange wie möglich gewahrt werden muss. Die richtige Behandlung nach verbüsster Freiheitstrafe muss es vor allen Dingen vermeiden durch eine derartige, in bildlichem Sinne verstümmelnde Behandlung des Individuums ihm den Rückweg zur ehrlichen Lebensführung zu verlegen oder zu erschweren und ihn dadurch auf den Weg zum Rückfall zu treiben.

Die *psychische* Reaktion kann teils dadurch wirksam sein, dass sie die Sozialgefährlichkeit *indirekt* bekämpft (indem sie ihre psychologische Ursache anpackt, wo sich eine solche ausfindig machen lässt, etwa eine Geisteskrankheit, eine schädliche Gewohnheit u. s. f.), teils durch eine *direkte* »Suggestion», indem die in der Seele des Verbrechers trotz allem (wenigstens der Möglichkeit nach) befindlichen gesellschaftsnützlichen Tendenzen *gekräftigt* und die gesellschaftsschädlichen Tendenzen *abgeschwächt* werden.

Hinsichtlich des erstgenannten, indirekten Bekämpfens treten besonders drei Richtlinien hervor: *Psychiatrische* Behandlung in dem Masse wie die Sozialgefährlichkeit mit einer der psychiatrischen Therapeutik zugänglichen geistigen Abnormität zusammenhängt; *allgemeinerziehende* Behandlung für unentwickelte Individuen, deren Sozialgefährlichkeit am ehesten von dem Mangel einer wirklichen Erziehung herzurühren scheint; *Abgewöhnung* irgend einer schädlichen Gewohnheit, welche etwa den Anlass zu den gesellschaftsschädlichen Willensäusserungen gegeben hat. Unter den wichtigen Gesichtspunkt der Abgewöhnung fällt z. B. die Gewöhnung des *Faulenzers* an regelmässige Arbeit (wodurch den Versuchungen zum Diebstahl u. a. Verbrechen vorgebeugt wird, insofern ihre eigentliche Ursache die Faulheit ist); die Gewöhnung des *Alkoholisten* an Nüchternheit (womit er oft nicht nur von den direkt durch den Alkohol verursachten Verbrechen abgehalten wird, sondern auch von Faulheit etc. und also von den zunächst auf diesen Folgezuständen des Alkoholismus beruhenden Verbrechen); die Abgewöhnung der *Prostituierten* von sexueller Unmässigkeit mit Faulheit und Alkoholismus verbunden. Es gilt hier eine *Gewohnheit* mit einer anderen *Gewohnheit* zu vertreiben; grossenteils findet diese Wirkung innerhalb des unbewussten Gebietes statt, ist aber darum nicht weniger wichtig. In besonders vielen Fällen ist für die Austilgung der sozialgefährlichen Instinkte nur die Gewöhnung an arbeitsame Lebensführung vonnöten *(»make them diligent. and they will be honest!«)* und gemeinhin darf man auf diesem Wege grösserer und dauerhafterer Erfolge gewärtig sein als durch Mahnen und Rügen, Appellieren an das Gefühl und an den Verstand.

Eine *direkte* Beeinflussung hinwiederum innerhalb des psychologischen Gebietes kann natürlich auf die *theoretische* Seite abzielen, auf die Ansichten, die Lebensanschauung, insofern die Sozialgefährlichkeit des Individuums auf einer diesbezüglichen Abweichung vom Normalen fussen sollte. Von weit grösserem Belang ist indessen die Einwirkung auf das *Praktische:* Ein *Abdämpfen* der zu dem Verbrechen hintreibenden Beweggründe, der Leidenschaften, des Egoismus, ein *Kräftigen* der von dem Verbrechen abhaltenden Beweggründe, die weit verschiedener Natur sein können — des sozialen Gefühls und überhaupt der altruistischen Gefühle, der Ambition (welche besonders bei der bedingten Verurteilung eine beträchtliche Rolle spielen kann), der Furcht vor Strafe. Die letztere setzt voraus, dass die Strafe ein Element von Leiden enthält, sei es ein psychisches (welches, wie gesagt, sehr oft durch die gesellschaftliche Anschauung über die Bedeutung der Strafe verstärkt werden kann) oder ein physisches (Prügelstrafe und andere Körperstrafen, Kostminderung, Wasser und Brotstrafe, Dunkelzelle, harte Lagerstätte u. dgl.).

Alle jetzt genannten Mittel sammeln sich in drei Richtlinien, auf welchen das Ziel zu erreichen wäre: *Unschädlichmachung* (Todesstrafe und lebenslängliche Einsperrung als äusserste Typen); *Besserung* (Wandelung des Charakters zum Besseren, auch auf unbewusstem Wege, etwa durch Ausrottung der Faulheit und anderer schädlichen Gewohnheiten); *Abschreckung* (im Sinne der Individualabschreckung d. h. Beeinflussung durch die Furcht vor neuer Strafe). Hier entsteht nun die Frage, ob sich die Gesellschaft auf eine bestimmte unter diesen drei Linien beschränken oder auf allen gleichzeitig operieren soll. Das letztere, sofern es sonst tunlich ist, enthält keine prinzipielle Inkonsequenz, da es ja dasselbe Ziel ist, nämlich die Neutralisierung der Gesellschaftsgefahr, dem man sich gleichzeitig auf den verschiedenen Wegen nähern will.

Es leuchtet ein, dass die vielfältig wechselnde Beschaffenheit der sozialgefährlichen Individuen es unmöglich macht, sich ein für allemal auf eine der genannten Linien zu beschränken. Der Gesetzgeber kann nicht etwa das ganze Strafensystem auf reiner Besserung aufbauen, *teils* wegen der Schwierigkeit eine den geringeren Verbrechen angemessene rein bessernde Strafe ausfindig zu machen, *teils* wegen der notorischen Tatsache, dass es unter den Verbrechern Individuen gibt, welche sich nicht durch irgend welche zugängliche Mittel bessern lassen, *teils* und vor allen Dingen wegen der Generalprävention, welche offenbar ein Abschreckungselement der Strafe erheischt (ɔ: ein Element, das die Menge der *ausserhalb* stehenden Individuen abschreckend beeinflusst) — die Besserung des Verbrechers kann ja nur ihn selbst beeinflussen. Den Besserungsgesichtspunkt aber ganz auszuschliessen, in solchen Fällen, wo Besserung möglich und nötig ist, wäre — auch wenn man von den Inkapablen absieht — höchst verwerflich, und am allerunrichtigsten wäre es ein physisches Unschädlichmachen durchgehend zu verwenden ohne Rücksicht auf die Fälle, in denen das Individuum durch (bessernde oder abschreckende) psychologische Behandlung ungefährlich gemacht werden könnte. Indessen ist der Schwierigkeit auch nicht etwa so zu entgehen, dass man im voraus jedes besondere Individuum für die eine oder andere Linie bestimmte; ebenso wenig wie es praktisch ausführbar oder jedenfalls mit der jetzigen Rechtsanschauung vereinbar wäre mit dem Verbrecher zu experimentieren und je nach dem Erfolge die eine Methode nach der anderen auf ihn anzuwenden. Der Gesetzgeber hat sich darum genötigt gesehen, sich einen gleichzeitigen Gebrauch der verschiedenen Mittel vorzubehalten, nicht nur innerhalb des Strafensystems im ganzen, sondern auch, die Hauptmenge der ernsteren Verbrechen betreffend, innerhalb der individuellen Strafe. Demnach hat er freilich bei den geringeren Verbrechen eine Strafe (die Geldstrafe), welche, sofern sie überhaupt eine Wirkung hat, ausschliesslich durch Abschreckung wirken kann; und in der Mehrzahl europäischer Länder für die allerschwersten Verbrechen eine Strafe (die Todesstrafe), welche (soweit es die Individualprävention betrifft) ausschliesslich unschädlichmachend wirkt. Als Kern aber des Strafensystems hat er eine Strafe ausgebildet, die Freiheitstrafe, welche auf einmal bessernd, abschreckend und unschädlichmachend wirken soll. Es ist nicht zu verneinen, dass diese gleichzeitige Anlegung verschiedener Gesichtspunkte leicht ein Schielen bedeuten kann; besonders wird das Besserungsstreben oft durch die in die Freiheitstrafe hineinspielenden abschreckenden und unschädlichmachenden Elemente höchst wesentlich verschoben werden. Unter Umständen wird es sogar dazu kommen, dass sich die Abschreckungs- und Besserungsbestreben neutralisieren und als Ergebnis weder Abschreckung noch Besserung herauskommt, jedenfalls nicht in nennenswertem Grade; solchenfalls hat die Strafe keine andere Bedeutung als bestenfalls die einer Unschädlichmachung während der Dauer der Strafzeit. Der Gesetzgeber steht hier in der Tat vor Schwierigkeiten, die keine ganz befriedigende Lösung gestatten. Aus vorher genannten Gründen kann er die Individualisierung nicht über einen gewissen Punkt hinaus treiben: er muss bei einem nach allgemeinen Regeln und durchschnittlichen Erfolgen geordneten Verfahren stehen bleiben, obwohl er natürlich innerhalb dieser Grenzen sein Bestes tun sollte um der individualisierenden Behandlung den grösstmöglichen Spielraum zu gewähren.

Die symptomatischen Massregeln müssen indessen, wie mehrmals betont, nicht nur auf die von dem verbrecherischen Individuum selbst drohende Gefahr Bezug nehmen; sie müssen auch auf eine Generalprävention bedacht sein, welche der gefährlichen Handlung entgegenwirkt, insofern sie auf andere Individuen suggestiv wirkt und die Autorität des Gesellschaftswillens abschwächt. Eine solche »Kontrasuggestion» kann, wie schon gesagt, nur durch ein Abschreckungsmoment der einen oder anderen Art zustande kommen. Die Vorstellung einer jeden (ernsteren) Abweichung vom Gesellschaftswillen muss im Volksbewusstsein mit der Vorstellung eines *Leidens* verknüpft sein. Schon für die Individualprävention kann das Leiden wichtig genug sein: unter dem Gesichtspunkte der Generalprävention wird es das dominierende Element der Strafe.

Es leuchtet ein, dass diese generalpräventive Wirkung mit dem individuellen Gefühl von Wahlfreiheit zwischen verschiedenen Handlungsweisen nahe zusammenhängt. Dasjenige Leiden schreckt die Gesellschaftsindividuen ab, welches sie mit des Verbrechers »freier Wahl» des Bösen verbinden zu können meinen; ein absichtliches Zufügen von Leiden wegen kasueller Handlungen etc. würde, wenigstens von einer gewissen Stufe der sozialen Entwicklung an, von dem Volke als sinnlos aufgefasst werden. Demgemäss kommt die Generalprävention nur betreffs der kapablen Verbrecher in Betracht, und, wie man hinzufügen darf, auch betreffs dieser nur *nach dem Masse* ihrer Kapazität; sie tritt weniger hervor etwa bei den jugendlichen als bei den grossjährigen Verbrechern.

Das Strafensystem.

Einleitung.

Schon vorher ist die Notwendigkeit betont worden bei einer Reform des Strafgesetzes, sowohl wie bei jeder Rechtsreform überhaupt, die neuen Ideen nur soweit durchzuführen, dass die Fühlung mit der Volksanschauung und der *Glaube* der Gesellschaftsmitglieder an die Prinzipien des Rechtes gewahrt wird (soweit dies mit den in einer entwickelten Kulturgesellschaft nicht am wenigsten in strafrechtlichen Fragen so mannigfach wechselnden Ansichten erreichbar ist). Dieses Bedenken gegen allzu durchgreifende Neuerungen auf einmal vereinigt sich mit einem rein praktischen Grunde, indem nämlich strafrechtliche Reformen gemeinhin grössere Kosten für den Staat nach sich ziehen, je tiefgehender sie sind. Dies zugegeben, ist indessen daran zu erinnern, dass wenn auch der Schritt nicht zu weit auf einmal genommen werden darf, es dennoch nicht nur nützlich sondern auch notwendig ist, sich das *End*ziel im voraus vorzustellen. Wenn auch nicht das Beste sogleich zu erreichen ist, sollte man sich doch darüber klar sein, wohin man für die Zukunft strebt, um schon von vornherein die nächsten Reformen in Einklang mit den später bevorstehenden zu bringen, und um, bei Vermeidung solcher Vorkehrungen, in denen die Entwicklung leicht für längere

Zeit stecken bliebe, einer kommenden Generation die Möglichkeit offen zu halten ohne zu grosse Schwierigkeit da fortfahren zu können, wo eine vorhergehende Halt gemacht hat. Überhaupt ist eine Reform nicht ausschliesslich nach ihrer unmittelbaren Wirkung sondern auch als Durchgangsstadium für eine kommende zu beurteilen.

Die folgende Erörterung des Strafensystems beabsichtigt das Ziel zu bestimmen, nach welchem eine Strafgesetzreform hinzustreben hat, ohne dass damit entschieden sein soll, in welchem Masse sich dieses System, hinsichtlich der waltenden Volksanschauung und der ökonomischen Tragfähigkeit des Staates, unmittelbar realisieren lässt. Ihr praktischer Zweck beschränkt sich also darauf die Richtlinien zu ziehen, welche innerhalb der verschiedenen Teile des Strafensystems befolgt werden müssen, soweit es die beiden genannten Rücksichten gestatten. Hier ist zu bemerken, dass eine durchgreifende Reform an einem isolierten Punkte des Strafrechts, wenn auch an und für sich richtig, doch leicht als partiell und dem sonstigen Inhalte des Strafrechts nicht angemessen, allerlei Ungleichmässigkeiten mit sich führen kann. Sie wird leicht den Zusammenhang innerhalb des älteren Ideenkreises unterbrechen ohne ernstlich die Vorteile der neuen Ideen zu schaffen. Gemeiniglich ist es darum besser ebenmässig, so zu sagen konzentrisch, die Entwicklung einen kleineren Schritt innerhalb des ganzen Gebietes vorwärts zu bringen als, eine vielleicht günstige Gelegenheit benutzend, an einem einzelnen Punkte der übrigen Entwicklung voran zu eilen.

Aus der früheren Erörterung betreffs der sozialen Aufgabe der Strafe dürfte erhellen, dass eine rationelle Behandlung der Sozialgefährlichkeit in mehreren Fällen besondere von der »ordinären» Strafe mehr oder weniger abweichende Vorkehrungen erheischt. Fasst man die Massnahmen gegen Kapable und Inkapable zu einem Begriffe zusammen, so ist ja eine solche Abweichung schon auf sehr frühen Entwicklungsstufen vorgekommen: die Entwicklung unserer Tage hat die Behandlung schon in der geltenden Gesetzgebung weiter differenziert und zweifelsohne hat die Zukunft auf demselben Wege fortzuschreiten. Mithin ist der natürliche Gang der Untersuchung eines künftigen Strafensystems: Zuerst die verschiedenen Phasen der ordinären Strafe zu erörtern, d. h. die der *typischen Kriminalität* in geringeren und schwereren Fällen zuzuerteilende Reaktion und nachher die in der einen oder anderen Hinsicht *atypischen* Fälle der Kriminalität hinsichtlich der für einen jeden solchen Fall angemessensten Reaktion zu behandeln. Freilich ist es nicht ausgeschlossen, dass die unter diese atypischen Gruppen fallenden Verbrechen zusammengenommen zahlreicher sind als diejenigen, denen die ordinäre Strafbehandlung zu teil wird. Auch lässt sich natürlich die terminologische Ausstellung machen, dass solcherweise die Behandlung des »Strafensystems» gewisse Massnahmen umfassen oder berühren wird, welche nicht unter das Wort *Strafe* im gewöhnlichen Sinne fallen (welche aber hier um des Zusammenhangs willen nicht übergangen werden können).

Als Fälle *atypischer* Gesellschaftsgefährlichkeit sind folgende aufzustellen: 1.) wenn das Verbrechen nicht aus unmoralischen Beweggründen hervorgeht, so dass die Frage nach der sogenannten *custodia honesta* entstehen kann (vgl. oben S. 4 ff.); 2.) wenn das Verbrechen von ausgeprägt *akuter* Beschaffenheit ist (oben S. 10 ff.); 3.) wenn es umgekehrt mit einer unvertilgbaren Charakterbeschaffenheit des Verbrechers zusammenhängt (*chronische* Kriminalität, oben S. 13 ff.); 4.) wenn das Individuum noch *jugendlich* ist; 5.) wenn es seiner Geistesbeschaffenheit nach mehr oder weniger *abnorm* ist; 6.) wenn es, ohne als psychisch abnorm betrachtet werden zu können, *Alkoholist* ist; 7.) wenn es *Vagabund* etc. ist. In allen diesen Fällen können, wenigstens gewisse Gebiete der Verbrechen betreffend, Gründe zur Abweichung von der ordinären Strafe vorliegen.

I. Das Strafensystem bei der typischen Kriminalität.

A. Übertretungen und geringe Verbrechen.

Eine wirkliche Besserung, welche, wenn nötig und erreichbar, für die Individualprävention das vornehmste Mittel sein muss, erheischt mit Notwendigkeit eine einigermassen dauerhafte und eingehende Behandlung. Wie aber die modernen Strafgesetze beschaffen sind, so tritt die grosse Hauptmasse der Strafen wegen Übertretungen und geringer Verbrechen ein, welche an und für sich keineswegs das Bedürfnis einer so eingreifenden Behandlung dartun. Diese würde auch einem ebenso unübersteigbaren Hindernisse in dem Rechtsgefühl begegnen (welches die Proportion zwischen der Übertretung und der Reaktion dagegen ungereimt finden würde) wie in den Kosten für den Staat und den weitreichenden Störungen der Familienverhältnisse, der Berufsausübung usw., welche die Folge des langwierigen Eingesperrtseins einer solchen Menschenmasse sein müssten. Betreffs der grossen Mehrzahl der Strafen muss man demnach von der bessernden Behandlung absehen und sich — da vom Unschädlichmachen noch weniger die Rede sein kann — mit der Abschreckung begnügen.

Damit sondert sich ein Gebiet der Kriminalität ab, bei dem, wegen seiner Geringfügigkeit, die bessernde Behandlung in Wegfall kommt. Die Grenzlinie zwischen diesem Gebiet und dem nächsthöheren wird von der Frage bestimmt, ob das gegebene Verbrechen eine so energische Reaktion ertragen kann, wie es die bessernde Behandlung unumganglich sein muss. Die Aufgabe des Gesetzgebers bei diesen geringen Verbrechen, unterhalb der Grenzlinie, kann also nur die sein, das angemessenste Abschreckungsmittel zu finden. Da in den geltenden Strafensystemen die diesbezuglichen Strafen hauptsächlich zwei sind, nämlich (kurzzeitige) Freiheitstrafe und Geldstrafe (von denen, anlässlich eines und desselben Verbrechens, gewöhnlich nur die eine, mitunter jedoch beide uber den Verbrecher verhängt werden), werden wir zuerst diese beiden erörtern.

Die *kurzzeitige Freiheitstrafe* ist oft als der schwächste Punkt des modernen Strafensystems bezeichnet worden, je schwächer je kürzer sie ist; in der Tat hat sie nur die Geldstrafe in deren jetziger Gestalt als Nebenbuhlerin. Als die Freiheitstrafe ihrerzeit eingefuhrt wurde, bestach sie durch ihren so zu sagen mathematischen Charakter, indem die Schwere der Strafe einer Variation fähig schien, je nach der Zeitlänge in allen Graden, von eintägiger bis lebenslanglicher Einsperrung. Man glaubte — und glaubt mitunter noch immer — in der Freiheitsstrafe das ideale Mittel gegen die Kriminalität entdeckt zu haben, mit einem fast unendlichen Anpassungsvermogen nach den unendlich mannigfaltigen Graden der Kriminalitat nicht weniger als nach den verschiedensten Straftheorien. Wie das vergeltende oder abschreckende

Element des Leidens, mithin auch die generalpräventive Wirkung der Strafe und der Strafdrohung nach Belieben abgestuft werden zu können schien, so auch das bessernde, erzieherische Element — und zwar nur durch Verlängerung oder Verkürzung der Strafzeit. Indessen zeigte sich bald, dass diesen Hoffnungen die Wirklichkeit wenig entsprach, vor allen Dingen nicht bezüglich der kurzzeitigen Strafe. Diese übt *nie* irgend welche *bessernde* Wirkung aus. Was in dieser Beziehung vielleicht einmal angefangen sein mag, während einer Strafe von einigen Tagen, wird sich unvermeidlich ebenso schnell verflüchtigen, wenn diese kurze Strafe vorüber ist. Schlimmer noch ist es, dass die Verbüssung einer so kurzen Strafe auch nicht irgend welche nennenswerte *abschreckende* Wirkung auf den durchschnittlichen Verbrecher auszuüben vermag. Im Gegenteil, je tiefer der Verbrecher auf der gesellschaftlichen Stufenleiter steht, desto wahrscheinlicher ist es, dass er z. B. betreffs der Verpflegung und des Logis den Gefängnisaufenthalt eher ansprechender als das Leben auf freiem Fusse finden wird; der Verlust der Freiheit, welchen eine langdauernde Einsperrung natürlich fühlbar machen würde, spielt eben bei der ganz kurzen Strafe keine allzu grosse Rolle. Das Richtige wäre gewiss so lange wie möglich den Schrecken vor der Freiheitstrafe zu bewahren, welchen der Verbrecher vielleicht vorher, so lange für ihn das Dasein hinter den Gefängnismauern noch als ein Unbekanntes dasteht, kaum aber nachher empfindet (jedenfalls nicht nach der *kurzen* Strafe). Anstatt dessen wird er oft mit einer allmählichen Steigerung von ganz kurzen zu immer längeren Gefängnisstrafen behandelt, was so viel bedeuten will, wie eine methodische Gewöhnung an die Strafe und Abgewöhnung der Scheu davor. Sollte, wie es ja immer noch in grosser Ausdehnung vorkommt, die kurzzeitige Freiheitstrafe in gemeinsamer Haft verbüsst werden, so kommt eine noch grössere Bedenklichkeit hinzu. Der Gefangene wird solchenfalls — wenigstens tagesüber, während der Arbeit — mit einer Menge anderer Gefangener zusammengebracht, die teilweise schlechter sind als er selbst, und in dieser Sammlung werden die schlechtesten zum Sauerteig, welcher den Teig durchsäuert.

Wenn das Gesagte vom durchschnittlichen Proletarierverbrecher zutrifft, so treten andere Übelstände hervor, wenn es sich um den der Anlage nach nicht ausgeprägt Gesellschaftsgefährlichen und ökonomisch oder sozial nicht Verkümmerten handelt, welcher irgend eine Übertretung mit einer kurzzeitigen Freiheitstrafe verbüssen muss. Auf diesen wirkt die Freiheitstrafe, auch die kurze, leicht so, dass sie seine Ambition schwächt; und besonders wenn er sich nach der Entlassung mit Recht oder Unrecht von seinem früheren Umgang vermieden glaubt, wird er leicht durch schlechte Bekanntschaften auf die abschüssige Ebene geraten. Auch dieser Übelstand tritt besonders stark hervor bei der gemeinsamen Haft, da hier oft Verbindungen angeknüpft werden, welche nach dem Ende der Strafzeit fortdauern.

Wenn also die kurzzeitige Freiheitstrafe aus »individualpräventivem» Gesichtspunkt, hinsichtlich ihrer Wirkung auf den Verurteilten selbst, mag er dem einen oder anderen Verbrechertypus angehören, verwerflich ist, so ist sie wenig besser aus generalpräventivem. Dass die Freiheitstrafe in den Augen der grossen Menge gerade genug von Strafe behält, um dem, der »gesessen hat», den Stempel aufzudrücken, hindert nicht, dass die Wirkung der *schweren*, auf die schwere Kriminalität abgesehenen Freiheitstrafe wesentlich geschwächt wird, wenn dieselbe (Art von) Strafe in allen möglichen Graden verhängt wird, bis zu den geringsten Übertretungen herunter. Die Ähnlichkeit in der Art der Rechtswirkung, der *Strafe*, bewirkt auch in der Auffassung des *Verbrechens* eine gewisse Ausgleichung des Unterschiedes zwischen der geringen Kriminalität und der tiefgehenden. Man weiss nicht gut, ob die Wehrpflichtverletzung zur Gleichwertigkeit mit dem Raubmorde aufgeblasen wird, oder ob der Raubmord zur Gleichwertigkeit mit der Wehrpflichtverletzung bagatellisiert wird, oder ob sich die beiden auf halbem Wege begegnen. Genug, eine Brücke wird geschlagen über die diese Fälle im Volksbewusstsein scheidende tiefe Kluft, deren Wahrung ein gesellschaftliches Interesse ist. Zugegeben, dass die Kriminalität tatsächlich in allen denkbaren Graden vorkommt, wäre es, auch wenn sich die Freiheitstrafe ihrer Wirkung nach ebenso leicht abstufen liesse wie ihrer Zeitlänge nach, was nach dem Gesagten entfernt nicht der Fall ist, dennoch kriminalpolitisch unklug durch Verwendung solcher, nur dem Grade nach verschiedener Rechtswirkungen, so zu sagen die Wesensgemeinschaft der geringeren Verbrechen mit den schwereren zu unterstreichen. Aus genau demselben Grunde wie der Gesetzgeber es als klug befunden hat durch eine besondere Rechtswirkung gewisse Handlungen, als verbrecherisch herauszuheben, im Unterschied von den wohl rechtswidrigen aber doch nicht strafbaren (obwohl tatsächlich natürlich keine Lücke in den Graden der Rechtswidrigkeit oder der Sozialgefährlichkeit vorkommt), ist es auch klug das schwerere Verbrechen durch seine Rechtswirkung so scharf und augenfällig wie möglich von dem geringen zu sondern — alles unter der Voraussetzung, dass es sich in dem einen Falle wie in dem anderen um erstmalige Verbrechen handelt. Da nun im modernen Rechte keine Rede davon sein kann, wie bisweilen im älteren Recht, in grösserer Ausdehnung die Todesstrafe bei schweren Verbrechen zu verwenden — am allerwenigsten betreffs erstmaliger Verbrecher —; da es weiterhin ebenso wenig in Frage kommen darf für das letztgenannte Gebiet eine bis zur Grausamkeit verschärfte Freiheitstrafe zu verwenden; und da schliesslich ein solcher Unterschied wie zwischen Gefängnis und Zuchthaus oder dgl. für das Volksbewusstsein kaum deutlich genug ist oder irgendwie gemacht werden kann um den genannten Zweck zu erfüllen, so fuhrt auch der generalpräventive Gesichtspunkt dahin, die Freiheitstrafe soweit möglich von den geringeren Verbrechen auszuschliessen; m. a. W. so lange wie möglich die Freiheitstrafe zu vermeiden, aber, wo es nicht anders sein kann, sie auch hinsichtlich der Dauer nachdrucklich zu gestalten.

Auch von dem Standpunkte aus, welcher die Strafe nach gerechter Vergeltung abwägen will, ist die kurze Freiheitstrafe wenig wert. Die Zufriedenheit, welche das Rechtsgefühl darin finden könnte, dass »dieselbe» Strafe für »dasselbe» Verbrechen eintritt, beruht hier noch mehr als sonst auf einer Illusion, oder vielmehr auf einer alleinigen Berucksichtigung der Aussenseite der Sache. Auf dem Papiere sehen die Strafen gleich aus, tatsächlich aber treffen sie kaum weniger ungleichmässig, als wenn dieselbe Geldstrafe uber den Armen und den Reichen verhängt wird. Während der kurze Gefängnisaufenthalt die ausgeprägte Verbrechernatur, wenigstens innerhalb des Proletariats, ganzlich unberuhrt lasst, oder sich darauf beschränkt sie der Verbrecherbahn förmlich zu weihen, kann er für den bis dahin Unbescholtenen ein verhängnisvoller Wendepunkt werden. Freilich hat jede Freiheitstrafe — auch die langdauernde — etwas von einer derartigen Ungleichmässigkeit in ihrer Wirkung; aber die langdauernde Freiheitstrafe ist dem modernen Strafensystem unentbehrlich, was von der kurzzeitigen nicht gilt.

Alle Erwägungen führen also zu dem Ergebnisse, dass die Freiheitstrafe nicht (direkt) verhängt werden sollte, wenn nicht die Kriminalität eine solche Intensität hat, dass ihr füglich mit einer Freiheitstrafe begegnet werden kann, lang genug um ernstlich bessernd zu wirken, d. h. lang genug um eine so wesentliche Besserung in Aussicht zu stellen, dass sie zu den schädlichen Nebenwirkungen, die sich nie mit Sicherheit abwenden lassen, nicht im Missverhältnis steht. Beispielsweise *sechs Monate* dürfte als Mindestmass aufgestellt werden können; jedenfalls sollte dieses nicht geringer sein als *drei Monate.* Der Einwand, dass solchermassen die Strafe der schwereren Verbrechen, also die Freiheitstrafe, um so härter den Bestraften treffen würde, da sie nur in diesen schwereren Fällen zur Verwendung käme, hat nicht viel auf sich. Denn dieses Plus der Nachwirkungen der verhältnismässig wenigen schweren Verbrechen — welches Plus übrigens durch geeignete Massnahmen bei und nach der Entlassung einigermassen neutralisierbar ist — wird teilweise dadurch aufgewogen, dass die langdauernde Freiheitstrafe den Gefangenen ganz anders zu erziehen vermag als die kurze Strafe; und wird weithin überwogen von dem grossen Vorteil des Wegfallens der kurzzeitigen Freiheitstrafen nebst allen ihren schädlichen Nebenwirkungen.

Wenn die kurzzeitige Freiheitstrafe verwerflich ist, so ist gewiss dasselbe von der Geldstrafe zu sagen, so wie sie meistens in dem modernen Rechte vorkommt. So lange die Geldstrafe ohne nennenswerte Rücksicht auf die Vermögensstellung des Verurteilten verhängt wird, wird die gleiche Strafe dem einen sehr empfindlich, dem anderen ganz bedeutungslos sein. Die Geldstrafe, so wie sie ist, ist so wenig geeignet den verbrecherischen Willen zu beeinflussen und ist in allgemeinpräventiver Hinsicht von so ungleichmässiger Wirkung, dass sie — jedenfalls wenn sie als Geldstrafe vollstreckt und nicht umgewandelt wird (welchenfalls sich die genannten Bedenken gegen die kurzzeitige Freiheitstrafe geltend machen) — kaum ernstlich als Strafe von dem Volksbewusstsein aufgefasst wird, sondern eher als etwas dem Schadensersatz Ähnliches, ein der Gesellschaft von dem Verbrecher geleistetes Äquivalent der geschehenen Rechtsverletzung je nach dem »Geldwert» dieser Verletzung. Sie ist sinnlos unter jedem anderen Gesichtspunkte als dem der *objektiven* Vergeltung, welche nicht das durch das Verbrechen geschaffene *Leiden* mit einem entsprechenden *Leiden* aufwiegen will (subjektive Vergeltung), sondern die durch das Verbrechen bewirkte *Tatsache* mit einer entsprechenden *Tatsache.*

Da mithin die jetzige Geldstrafe aus verschiedenen Gründen sehr ungenügend ist, mag es zur Umwandlung kommen oder nicht, muss sich der Gesetzgeber von vornherein das doppelte Ziel setzen *teils* die Geldstrafe selbst zu verändern, damit sie ihren Schadensersatzcharakter abstreift und eine wirkliche Strafe wird, geeignet den Willen zu beeinflussen, *teils* sein Möglichstes tun um die Nachteile der jetzigen Umwandlung zu vermindern, sei es durch Unnötigmachen der Umwandlung oder durch Abänderung der Umwandlungsstrafe.

Wie auch die Geldstrafe angeordnet wird, so ist ihre Wirkung der Natur der Sache nach scharf begrenzt, nämlich auf die *Abschreckung* (individual- oder generalpräventiv). Indessen lässt sich, wie schon erwähnt, bei den geringen Verbrechen überhaupt kein *allgemeines* Strafmittel bessernder Wirkung ausfindig machen, da die langdauernde Freiheitstrafe ausser Frage steht und die der kurzzeitigen Freiheitstrafe ihrerzeit zugetraute bessernde Wirkung nur auf dem Papiere existiert. Erziehungsmassnahmen, bedingte Verurteilung mit oder ohne Beaufsichtigung, Behandlung in Alkoholistenanstalten usw. sind alles Mittel, welche sich, auch soweit sie bei Übertretungen und geringen Verbrechen zur Verwendung kommen können, nicht als allgemeine Strafmittel eignen, sondern nur für gewisse Arten von Verbrechern. Es erübrigt also nur die Geldstrafe in der Weise zu reformieren, dass ihre Wirkung auf einmal gleichmässiger und abschreckender wird, indem sie von der geschichtlichen Verbindung mit dem Schadensersatzgedanken losgelöst wird und indem das in ihr enthaltene Leiden soweit möglich alle Verurteilten gleichmässig trifft, seien sie reich oder arm. Schon *Montesquieu* warf gelegentlich den Gedanken hin, die Geldstrafe dem Vermögen »proportional» zu machen; und in späterer Zeit hat dieser Gedanke einen bestimmten Ausdruck in *einer* europäischen Gesetzgebung, nämlich derjenigen Portugals, gefunden. Das portugisische Strafgesetz v. J. 1852 stellte (Art. 41) die Regel auf, dass die Geldstrafe in Multipeln des Tageseinkommens (dieses jedoch nicht unter 100 und nicht über 2000 Reis anzusetzen) zu verhängen sei, und diese Bestimmung ist unverändert in das jetzt geltende portugisische Strafgesetz v. J. 1886 (Art. 67) hinübergegangen.

Es lässt sich indessen bezweifeln, ob eine reine Proportionalität zum Einkommen die richtige Methode ist, die Geldstrafe als Abschreckungsstrafe effektiv und gleichmässig zu machen. Ebensogut wie man in unseren Tagen immer allgemeiner einräumt, dass die Einkommensteuer gerechterweise nicht rein proportional (dem Einkommen) sondern *progressiv* sein sollte, lässt sich dies von der Geldstrafe sagen. Ein Fünfzigstel der Jahreseinnahme abzustehen bedeutet keineswegs das Gleiche für denjenigen, welcher 500 Mark, und für denjenigen welcher 50,000 Mark einnimmt. Unter sonst gleichen Umständen muss die Quote für den Letztgenannten wesentlich erhöht werden, wenn das *Leiden* einigermassen gleich sein soll. Das nicht allein; eine ein für allemal festgestellte Proportion — progressiv oder nicht — muss (ganz so wie bei der Einkommensteuer) ungleichmassig wirken, da ja der Unterschied gross ist teils zwischen verschiedenen Arten von Einkommen (von Kapital oder Arbeit; zufalliger oder mehr dauernder Natur usw.), teils zwischen Individuen, deren Minimalausgaben wesentlich ungleich sind (Lebensunterhalt an verschiedenen Orten: Alimentationspflicht usw.). Die theoretische Regel würde demnach sein, die Geldstrafe nicht dem Vermögen oder dem Einkommen, sondern der Zahlungsfähigkeit proportional zu machen. In der Praxis liesse es sich freilich nicht vermeiden, dass die Strafe, auch bei der genauesten Strafbemessung, mehr oder weniger ungleichmässig treffen würde: doch ist dies natürlich kein ausschlaggebender Einwand gegen die Proportionalisierung der Geldstrafe, weil die Gleichmässigkeit jedenfalls weit grösser werden würde als bei der jetzigen Geldstrafe.

Der Einwand hinwiederum gegen diese Proportionalisierung, dass es unsinnig, das Rechtsgefühl verletzend usw. sei, über ein geringes Verbrechen eine Geldstrafe von tausend und aber tausend Mark zu verhängen (wenn nämlich der Verurteilte Millionär wäre) beruht ganz und gar auf dem falschen Grunde der objektiven Vergeltung. Man will hier den Betrag der Geldstrafe nicht nach der mutmasslichen Wirkung der Strafe auf den Bestraften sondern nach dem (wohl oder übel ausfindig zu machenden) Geldwert der Rechtsverletzung einrichten, m. a. W., wie oben bemerkt, für dasselbe Verbrechen und unter sonst gleichen Umständen, gegen das eine Individuum mit einer Strafe reagieren, die für dieses ein wirkliches Leiden ist, gegen das andere Individuum mit einer Strafe, die — auf dem Papiere gleich bemessen — diesem auch nicht die geringste Unannehmlichkeit bereitet. Auch mit der Vergeltung als Ausgangspunkt, wenn sie sich nämlich zu *subjektiver* — gegen den Willen gerichteter — Vergeltung entwickelt hat — muss eine solche Strafe als ganz verfehlt angesehen werden. Die Proportionalisierung der Geldstrafe schlechthin unausführbar zu erklären wäre daher dasselbe wie die Geldstrafe als wirkliches Strafmittel für schlechthin unverwendbar zu erklären. Wenn es wirklich dem Rechtsgefühl zuwider ist, die volle Strenge des Prinzips etwa bei gewissen Übertretungen aufrecht zu erhalten, so würde dies nur beweisen. dass die betreffenden Fälle von dem Rechtsgefühl nicht als *Verbrechen* aufgefasst werden, mithin die Reaktion gegen selbige nicht als wirkliche *Strafe*. Hieraus wäre zu folgern, nicht etwa, dass um dieser Fälle willen ein unrichtiges Prinzip innerhalb des eigentlichen Strafrechts aufzustellen sei, wohl aber, dass dieselben, welche unter jener Voraussetzung nichts zu tun hätten mit dem wirklichen Strafrechte, davon scharf abzusondern seien.

Es genügt aber nicht die abschreckende Wirkung der Geldstrafe gleichmässiger zu machen; man muss es auch dahin zu bringen suchen, dass Zahlung in so vielen Fällen wie nur möglich wirklich eintritt, denn wie auch die bei Nichtzahlung einzutretende Massnahme eingerichtet wird, immer wird ihre Verwendung wenig zu wünschen sein. Schon die Proportionalisierung der Geldstrafe muss in vielen Fällen zahlungserleichternd wirken, indem für den Armen der Betrag in Einklang mit seiner Vermögensstellung gebracht wird. Die vornehmsten Mittel aber die genannte Wirkung herbeizuführen sind *teils* das Prinzip der Abschlagszahlbarkeit der Geldstrafe in *kleinen* Raten möglichst durchzuführen, *teils* eine stärkere Pression als im gegenwärtigen Recht auf den Verurteilten auszuüben, indem die subsidiäre Strafe wesentlich abschreckender gestaltet wird. Es ist nämlich nicht zu bezweifeln, dass in der Mehrzahl der jetzigen Umwandlungsfälle der Verurteilte ganz wohl das Geld hätte zahlen können, wenn er ernstlich gewollt hätte.

Eine Abtragung der Geldstrafe durch Teilzahlungen setzt natürlich eine nicht zu kurze Frist vor dem Eintritt der Subsidiärstrafe voraus; z. B. so, dass das Gesetz *eine* Frist feststellt, innerhalb welcher die erste Teilzahlung geschehen soll, und eine weitere Frist, innerhalb welcher der ganze Betrag erlegt sein soll. In vielen Fällen — gewiss den meisten — können dieser Frist keinerlei Bedenken begegnen. Nicht selten aber ist der Verurteilte, wenn auch nicht gerade Vagabund (worüber vgl. weiter unten), immerhin auf so beweglichem Fusse, dass man die Strafe am liebsten vollstrecken möchte, während man ihn hat, da anzunehmen ist, dass er nach kurzer Zeit nicht mehr so leicht anzutreffen sein wird. Indessen sollte dieser Umstand doch nicht genügen um der in dem Gestatten der Teilzahlungen enthaltenen Möglichkeit des Unnötigmachens vieler Ersatzstrafen zu entsagen. Einigermassen kann der Gefahr, dass der Verurteilte sich durch das Verheimlichen seines Aufenthaltsortes jeder Strafvollstreckung zu entziehen suche, durch die

Aufstellung einer besonderen Rechtswirkung für dergleichen Versuche (etwa Zwangsarbeit oder Verlängerung der Ersatzstrafe) vorgebeugt werden. Natürlich dürfen die Raten nicht beliebig klein sein; vielleicht würde, wenn die Geldstrafe in Multipeln von Tageseinnahmen bestimmt wird, der Mindestbetrag einer Teilzahlung = *einer* Tageseinnahme gesetzt werden können. Besondere Beachtung verdient der schon einmal ausgesprochene Gedanke die Geldstrafe als einen besonderen Posten bei der Zahlung der direkten Steuer zu erheben. Wo gleichzeitig progressive Einkommensteuer und progressive Geldstrafe vorkommen, würde der Betrag der Strafe in Funktion von dieser Einkommensteuer bestimmt werden können, als Erhöhung der Einkommensteuer mit $^1/_{20}$, $^1/_{10}$, $^1/_5$ usw. während gewisser Zeit, etwa zwei Jahre, zu erheben. Immerhin hängt der praktische Wert dieser Methode wesentlich von der Grenzlinie des steuerfreien Einkommens ab; selbstverständlich wird vorausgesetzt, um den Sinn der Abtragung durch Teilzahlungen zu wahren, dass die direkte Steuer in kleinen Raten, etwa vierteljährlich, erhoben wird. — Mitunter ist wohl auch vorgeschlagen worden, dass der Arbeitsgeber, die Fachgenossenschaft usw. des Verurteilten oder aber Wohltätigkeitsvereine das Geld für den Verurteilten erlegen und es nachher ratenweise von ihm erheben sollten. Solche Massnahmen können zweifelsohne oft angezeigt sein, dürften sich aber gegenwärtig kaum durch Gesetzgebung einführen lassen.

Für den Fall dass Arbeitsmangel usw. den Verurteilten ausser Stand setzt das Geld auch nur ratenweise innerhalb der festgestellten Frist zu erlegen, entsteht die nicht unschwierige Frage, ob man ihn in die Lage versetzen solle, durch *freie Arbeit* für den Staat oder die Gemeinde die Geldstrafe zu tilgen. Die Hauptschwierigkeit hier beruht auf der Verwerflichkeit des Zusammenbringens einer Menge von Verurteilten zur gemeinsamen Arbeit. Ein solches Verfahren würde einigermassen die Nachteile der gemeinsamen Freiheitstrafe nach sich ziehen; ja, die hier geringere Gelegenheit zur Isolierung würde unter Umständen die genannten Nachteile noch vergrössern konnen. Dennoch fehlen dem modernen Rechte nicht ganz und gar Beispiele einer ziemlich gelungenen Durchführung des Abarbeitens. Soweit indessen dieser Weg versperrt ist, wird vielleicht, um der Ersatzstrafe zu entgehen, die bedingte Verurteilung (welche sonst auf einen gewissen Typus von Verbrechern zu beschränken ist, vgl. unten) für den hier genannten Fall zu etwas ausgedehnterer Verwendung als sonst kommen können. Dabei verdient es erwogen zu werden, ob etwa, im Anschlusse an ein anglo-amerikanisches Rechtsinstitut, die Ausdehnung des Gebietes der bedingten Verurteilung an die Voraussetzung geknüpft werden könnte, dass der Verurteilte Personen findet, die gewillt sind die Bürgschaft für die Geldstrafe auf sich zu nehmen, fur den Fall, dass er die Probe nicht bestehen würde und das Urteil demgemäss zu vollstrecken wäre. Ist der Verurteilte *nach* dem Urteil durch Unfall etc. weniger arbeitsfähig geworden, liesse sich eine Befugnis des Richters denken dem Verurteilten, auf sein Gesuch, die Strafe etwa durch Verlangerung der Frist, Herabsetzung des Betrages usw. zu erleichtern. In Anbetracht der verhaltnismässig geringen Bedeutung der diesbezuglichen Strafsachen dürfte es nicht allzu grossen Bedenken begegnen den Richter mit dieser eigentlich unter die Begnadigung fallenden Funktion zu betrauen.

Wenn sich die Vollstreckung der Geldstrafe so einrichten lässt, dass die Zahlung fast immer dem Verurteilten, der wirklich zahlen *will*, möglich ist, so ist es völlig befugt gegen den nicht Zahlenden und also nicht zahlen Wollenden verhältnismässig strenge vorzugehen. Das auf Geldstrafe lautende Urteil ist gewissermassen ein Prüfstein für die Sozialgefährlichkeit des Verurteilten. Bemüht er sich seine Schuld der Gesellschaft gegenüber zu sühnen, so spricht dies dafür, dass sein Verbrechenswille nicht gefährlicherer Art ist; Böswilligkeit betreffs der Zahlung ist ein entgegengesetztes Zeugnis. Aus dem vorher genannten Grunde ist jedes Zusammenbringen dieser Verurteilten zur Gemeinschaftsstrafe — man mag es dann Freiheitstrafe oder sonst wie nennen — unbedingt ausgeschlossen; Einzelhaft ist unerlässlich.

Um das Abschreckungsvermögen dieser Einzelhaft zu erhöhen und damit die nötige Pression auf alle in die Geldstrafe überhaupt Verurteilten auszuüben, damit sie ihr Bestes tun um zu zahlen, bieten sich zwei Mittel dar: *Schärfung* der Vollstreckung oder *Verlängerung*.

Von diesen Mitteln ist das erstere, wenigstens als allgemeine Ersatzstrafe, nicht anzuraten. Da die Schärfung, um bei *allen* Umwandlungsfällen verwendbar zu sein, nicht gut schwerere Formen annehmen könnte, würde die auf den Verurteilten ausgeübte Pression nicht sehr kräftig werden. Mit einer intensiveren Schärfung, auf gewisse Verbrechen (z. B. brutalere Körperverletzung, wofern solche mit Geldstrafe geahndet wird) beschränkt, wäre ja für die grosse Mehrzahl der Fälle nichts gewonnen. Hierüber vgl. weiter unten.

Verlängerung der Umwandlungsstrafe ist also der allein ratsame Weg um diese, und mittelbar auch die Geldstrafe, wirksamer zu machen. Da die Böswilligkeit, jedenfalls bei den geringsten mit Geldstrafe belegten Verbrechen. fur die Umwandlungsstrafe die Hauptsache ist, so lasst es sich vollkommen verteidigen diese innerhalb enger Grenzen zu halten und vor allem das Mindestmass hoch zu halten. Doch ist natürlich auch das Verbrechen, weswegen die Geldstrafe ihrerzeit verhängt wurde, in Betracht zu ziehen: dies vielleicht auch so, dass bei Geldstrafen von einem gewissen Betrage, etwa dreissig Tageseinnahmen an, das Mindestmass der Umwandlungsstrafe erhöht wird. Wenn indessen das regelmassige Mindestmass der Umwandlungsstrafe nicht geringer ist als etwa ein Monat, darf man mit Sicherheit erwarten, dass der Verurteilte das Seinige tun wird — durch Inanspruchnahme seiner Mittel, seiner Arbeitskraft, seines Kredits — um das Geld zu zahlen (wenn die Strafe die richtige Proportion zu seiner Zahlungsfähigkeit einhält) und dass das Hineinsetzen in die Strafanstalt zur Tilgung des Strafbetrags weit seltener als jetzt vorkommen wird. Dieser grosse Vorteil wird die praktische Unannehmlichkeit, dass neue Untersuchung und Verurteilung notig wird in allen Fallen, wo das Geld nicht innerhalb der festgestellten Frist gezahlt wird, mehr als aufwiegen. Das Prinzip die nach dem ersten Urteil zu Tage getretene Böswilligkeit bei der Verhangung der Umwandlungsstrafe einwirken zu lassen ist der freilich mehr praktikablen Methode, in Analogie mit dem gegenwartigen Verfahren, die eventuelle Umwandlungsstrafe schon von vornherein in dem ursprünglichen Urteil festzusetzen, etwa im bestimmten Verhaltnisse zu der in der Geldstrafe enthaltenen Anzahl von Tageseinnahmen, entschieden vorzuziehen.

Ausnahmsweise wird es vonnoten sein unter das gewöhnliche Mindestmass der Umwandlungsstrafe herabzugehen, wenn es sich nämlich um Übertretungen solcher Personen handelt, für welche die bedingte Verurteilung nicht angängig ist und die durch mangelnde Arbeitsfähigkeit etc. absolut ausser Stande gewesen sind das Geld zu zahlen. Hier ist auf zweierlei achtzugeben; einmal dass die Strafe diesen Menschen mit genügendem Ernste treffe, für welchen die Verpflegung usw. im Gefängnisse meistens eine Verbesserung gegenüber den täglichen Lebensgewohnheiten bedeutet; dann aber auch, dass dieser nicht tatsächlich eine schwerere Bestrafung davon trage, als die entsprechende Geldstrafe für denjenigen ist, welcher das Geld wirklich bezahlt. Denn sonst würde die grössere Härte gegen jenen (*nicht* böswilligen) Verbrecher am Ende auf seine grössere Armut hinauskommen; von den beiden sonst gleichgestellten Verbrechern würde der mittellose regelmässig von dem schwereren Leiden betroffen werden.

Man hat es oft, nicht ohne Grund, als ein Missverhältnis im modernen Rechte gerügt, dass der Staat nicht mit genügendem Ernste den Verbrecher dazu anhält, *dem Verletzten* den durch das Verbrechen angerichteten *Schaden zu ersetzen.* Gleichgültigkeit in dieser Hinsicht wird dem Rechtsgefühl oft mehr zuwider sein als Gleichgültigkeit betreffs der Zahlung der Geldstrafe (wenn auch in der Mehrzahl der Fälle der Schaden bei den mit Geldstrafe belegten Verbrechen nicht sehr gross ist). In der Tat ist der Geldstrafe in der modernen Rechtsentwicklung ihr ursprünglicher Zweck dem Verletzten einen Schadensersatz zu bieten gänzlich abhanden gekommen, ohne dass sie etwa besser die neue Aufgabe erfüllte als staatliche Strafe zu wirken. Solchermassen ist sie in eine unhaltbare Zwischenstellung geraten, ganz in der Luft schwebend; gerade soviel Schadensersatz um zur Strafe, gerade soviel Strafe um zum Schadensersatz untauglich zu sein. Indessen lässt sich nunmehr nicht gut eine direkte Pression (über gewöhnliche zivile Massnahmen hinaus) von Staatswegen denken, um den *durch Verbrechen* (im Unterschiede vom sonstigen Schadensersatz) bewirkten Schaden zu ersetzen (wenn nicht in Verbindung mit bedingter Verurteilung, vgl. unten). In jedem besonderen Falle die Geldstrafe oder einen Teil davon dem Verletzten wegen Deckung des Schadens zuzuerkennen, würde gewiss die strafrechtliche Stellung der Geldstrafe allzu sehr verrücken, oder vielmehr die Unklarheit aufrecht erhalten beim geltenden Rechte, welche in der Vermengung der verschiedenen Rechtsgründe der Geldstrafe und des Schadensersatzes nur zu stark hervortritt. Dies würde unter anderem früher oder später eine Tendenz hervorrufen, unangesehen der Intensität des Verbrecherwillens und dessen zu gewärtigender Beeinflussung durch die Strafe, den Betrag der Geldstrafe so ziemlich nach dem des Schadensersatzes zu bestimmen. Auch wäre für alle die Fälle, wo eine höhere Strafe als Geldstrafe auferlegt werden muss, nichts gewonnen. Mehr Beachtung verdient darum in diesem Zusammenhange die eigentümliche Bestimmung in dem Strafgesetze *Mexicos* (Art. 123), nach der ein Drittel aller erhobenen Strafgelder eine gemeinsame Kasse ausmachen soll, aus welcher der Staat dem durch irgend ein Verbrechen Verletzten Schadensersatz zahlt.

B. Mittelschwere Verbrechen.

Bei der Kriminalität, welche die der Geldstrafe angemessene Grenze übersteigt, muss das allgemeine Strafmittel in Freiheitstrafe bestehen, wobei es sich zunächst darum handelt die Wahl zwischen Einzelhaft (Zellstrafe) und gemeinsamer Haft zu treffen. Die Erfahrung späterer Zeiten hat das alte Hauptbedenken gegen die Gemeinschaftsstrafe nicht aus der Welt gebracht, kaum wesentlich vermindert. dass sie nämlich den Gefangenen, wenn er nicht schon in *allen* Hinsichten verdorben ist, der psychischen Ansteckung von in *der einen oder anderen* Beziehung schlechteren Mitgefangenen aussetzt. Damit hängt der Übelstand zusammen, dass die in der Strafanstalt angeknüpften Bekanntschaften nach der Entlassung fortgepflegt werden. Die in der letzten Zeit nicht selten vorkommenden begeisterten Schilderungen aus aussereuropäischen Ländern (besonders den Vereinigten Staaten Nordamerikas), von der Wirkung gewisser Formen der Gemeinschaftsstrafe sind mit grosser Vorsicht aufzunehmen. Davon abgesehen, dass sich hinter diesen Schilderungen selten oder nie positive statistische Tatsachen finden, sollte man des überschwänglichen Optimismus eingedenk sein, der seinerzeit die Einführung der Zellstrafe begleitete und der Mitteilungen über ihre wunderbaren Wirkungen, welche damals dazu beitrugen ihr Eingang zu verschaffen; z. B. dass nur 4—5 % von den Entlassenen rückfällig geworden seien. Mögen auch derartige Ziffern in dem einen oder anderen Falle bei Versuchen mit einer neuen Strafform vorgekommen sein, so darf sich der Gesetzgeber nicht durch zufällige Erfolge, gewonnen an einzelnen Orten und durch eine flüchtige, für die Zukunft oder im allgemeinen. nicht zu erwartende Begeisterung, bestechen lassen: Die Strafmittel müssen den Kräften und dem Masse von Energie angepasst sein, welche in gewöhnlichen, alltäglichen Verhältnissen zu erwarten sind.

Gegen die genannten Übelstände der Gemeinschaftsstrafe muss man nun die Übelstände der Einzelhaft abwagen. Auch die letztgenannte hat freilich nicht entfernt alle die Hoffnungen erfüllt, welche einmal darauf gesetzt wurden. Da die Einsamkeit an und für sich dem Menschen unnatürlich ist, kann es nicht Wunder nehmen, dass sie, als Strafe verwendet, oftmals schädliche Wirkungen mit sich führt, vor allem körperliche Herabgekommenheit, aber auch geistige Schädlichkeiten mehrfacher Art. Indessen zeigt die Erfahrung auch, dass diese Schädlichkeiten, jedenfalls in ihren höheren Graden, keineswegs unausbleibliche Wirkungen der Zellstrafe sind, sondern auf der Zeitdauer und dem Ausführungsmodus beruhen. Dann kommt andererseits in Betracht, dass die Zellstrafe nicht nur völlig frei ist von den speziellen Nachteilen der Gemeinschaftsstrafe sondern auch grosse positive Vorteile hat, welche diese vermissen lässt. Meistens steht sie für den Gefangenen als ein schwereres Leiden als die Gemeinschaftsstrafe da, und gleichwie ihre abschreckende Wirkung auf ihn selbst grösser ist, wirkt sie ganz anders prävenierend auf die Klasse von Verbrechern, um die es sich hier zunächst handelt. Ihre Überlegenheit beschränkt sich aber nicht auf die Abschreckung. Sie beugt den verbrecherischen Willen; zwingt den Gefangenen während der Einsamkeit in sich zu gehen und führt so eine psychologische Vertiefung herbei, aus der in nicht wenigen Fällen eine wirkliche Besserung hervorgehen kann.

Das Ergebnis ist, dass, sofern sich die genannten schädlichen Wirkungen der Zellstrafe einigermassen zurückhalten lassen, das heisst, sofern die Zellstrafe innerhalb einer gewissen Zeitgrenze gehalten wird, diese — vorausgesetzt dass keine besonderen körperlichen oder geistigen Mängel vorliegen, welche *in casu* eine Kontraindikation ausmachen — der Gemeinschaftsstrafe bestimmt vorzuziehen ist. Die Zeitdauer bis zu welcher die Zellstrafe ohne zu grossen Schaden ausgedehnt werden kann, wird, theoretisch gesprochen, teils von der individuellen Widerstandsfähigkeit teils von dem Vollstrekkungsmodus bestimmt. In letztgenannter Hinsicht ist viel zu gewinnen durch sorgfältige Wahl der Arbeit; durch häufige Besuche (von dem Geistlichen, Arzte, Arbeitsleiter, den Gefängnisbeamten, usw.); durch soviel Aufenthalt im Freien, wie mit der Effektivität der Zellstrafe vereinbar ist. Wenn aber die einsichtsvoll verwendete Zellstrafe ein unentbehrliches Mittel ist, so überwiegen, von der körperlichen Schädigung abgesehen, auch die psychisch nachteiligen Wirkungen der einen oder anderen Art, sobald die richtige Zeitgrenze überschritten wird. *Vor* dieser Grenze wird der Wille *gebeugt*, *nach* derselben *gebrochen;* die Reue, welche bis dahin zur Besserung hätte führen können, führt nachher zur Verzweiflung; die Selbstprüfung wird bis zum krankhaften Grübeln über das Verbrechen und seine Folgen gesteigert; der Gefangene wird systematisch der wirklichen Welt entwöhnt und steht bei dem Austritt in diese hülf- und widerstandslos da. In anderen Fällen, bei stärkerem Willen, wird vielleicht eine verschlossene Gehässigkeit gegen die Gesellschaft geschaffen.

Die Feststellung der genannten Zeitgrenze betreffend möchte man vielleicht aus dem Obigen den Schluss ziehen, dass dieselbe für jeden einzelnen Fall den individuellen Verhältnissen anzupassen sei, wie sich diese bei der Vollstreckung zeigen, und die Strafe demnach auf das Mass von Leiden zu beschränken sei, das eine rein präventive Wirkung haben würde, ohne wirklichen Schaden herbeizuführen. Diesem theoretisch richtigen

Gedanken begegnet aber das oben genannte Bedenken gegen eine völlig durchgeführte Individualisation der Strafe überhaupt. Freilich kann und muss man die Geldstrafe so bemessen, dass sie, der individuellen Zahlungsfähigkeit angepasst, den Armen und den Reichen möglichst gleichmässig trifft. Die Dauer der Zellstrafe aber so zu bemessen, dass sie, durch Rücksichtnahme auf die individuelle körperliche und geistige Reaktion, für jeden gegebenen Grad von Kriminalität ein konstantes Mass von Leiden enthält (oder genauer, gerade das Mass von Leiden, welches vonnoten ist um mit samt der Besserung in dem gegebenen Falle den Zweck der Strafe zu verwirklichen) ist nicht praktisch möglich. Der objektive Anhaltspunkt, welcher bei der Vermögensstrafe sich findet (nämlich die fixierbaren Quantitäten: Betrag der Strafe, Vermögen, Jahreseinnahme, Unterhaltskosten usw.) fehlt hier oder ist jedenfalls weit weniger handgreiflich; höchstens könnte von einem solchen die Rede sein während des Vollstreckungsstadiums, wo aber betreffs der ordinären Strafen keine zu grossen Verrückungen ratsam sind. Man darf auch nicht übersehen, dass es zum Wesen der Freiheitstrafe gehört, dass eine gleichmässige Wirkungsweise auch nur annähernd zu erreichen ein für allemal unmöglich ist. In keiner Weise lässt sich verhindern, dass die Freiheitstrafe überhaupt, kurz oder lang, etwas ganz anders für den Gefangenen höherer sozialer Stellung als für den Proletarierverbrecher bedeutet; auch nicht, dass eine so langdauernde Freiheitstrafe wie sie für wirkliche Besserung vonnoten ist, etwas ganz anders für den körperlich Schwachen als für einen Gefangenen kräftiger Konstitution bedeutet. Kurz oder lang, einsam oder gemeinsam, wird die Freiheitstrafe in sehr vielen Fällen die soziale Position des höher Gestellten so verrücken, dass er vielleicht nicht ohne Schwierigkeit im Lande bleiben kann. Der Einwand, dass das Rechtsgefühl, indem es die unbeugsame Handhabung der Strafe erheischt, sich auf einen blossen Wahn, nämlich die *Gleichheit vor dem Gesetz*, gründe, weil die auf dem Papiere gleiche Strafe tatsächlich (wenigstens betreffs des Leidensmomentes) so äusserst ungleichmässig wirke, ist, wie auch schon hervorgehoben, ganz richtig. Sofern es sich aber um die Freiheitstrafe handelt, kann das jetzige Strafrecht in keiner Weise umhin auf diese Illusion zu bauen. Es ist in unserer Zeit offenbar unmöglich aus den genannten Gründen sei es von Strafe zu befreien sei es mit einer besonderen »Klassenstrafe» zu operieren; und nicht weniger unmöglich die Freiheitstrafe mit einer sonstigen allgemeinen Strafe zu ersetzen, welche von dem genannten Übelstand frei wäre. — Das Entsprechende gilt bis zu einem gewissen Masse von der verschiedenen Beeinflussung verschiedener Körperkonstitutionen durch die Strafe; hier lassen sich doch Modifikationen der Vollstreckung leichter denken.

Da der Gesetzgeber also die Individualisierung der Strafvollziehung innerhalb dieses Gebietes nicht sehr weit bringen kann, so bleibt es für ihn nur übrig teils dafür zu sorgen, dass die Zellstrafe in einer so schonenden Weise wie es mit ihrer Effektivität vereinbar ist, vollzogen wird, teils als allgemeines Höchstmass der Zellstrafe — und damit auch allgemeines Strafenhöchstmass für was wir hier als »mittelschwere Verbrechen» bezeichnen — die Zeitgrenze festzustellen, innerhalb welcher diese, nach durchschnittlicher Erfahrung, keinen grösseren Schaden für den Bestraften mit sich führt. Bei der Vollziehung der innerhalb dieser Grenze verhängten Strafe kann, von Erkrankung abgesehen (*incl.* solchen körperlichen oder geistigen Mängeln, welche den Gefangenen unmittelbar gefährden) keine andere wesentliche Abweichung. aus Rücksicht auf das Individuum, gestattet werden, als die in der bedingten Verurteilung enthaltene Verkürzung der Strafe: hierüber vgl. unten. Allenfalls könnte es vielleicht, wie oben angedeutet, in Frage kommen, da, wo keine unmittelbare Gefahr aber doch eine Krankheits*anlage* (etwa tuberkulose oder neurasthenische) der Art vorhanden wäre, dass für die Erhaltung der Gesundheit des Gefangenen ein Leben im Freien nötig schiene, die Zellstrafe oder einen Teil davon etwa gegen eine längere Kolonisationsarbeit zu vertauschen: hierüber auch später. Es fragt sich hier, wie sich das Rechtsgefühl zu dieser Empfindsamkeit gegen den *Verbrecher* stellen wird, mit der Tatsache verglichen, dass viele *unsträfliche* Menschen, z. B. Industriearbeiter, die es ebensogut vonnöten hätten, die für ihre schwache Körperkonstitution schädliche Arbeit gegen leichte Arbeit im Freien zu vertauschen, dennoch um sich zu ernähren genötigt sind, die ihre Gesundheit langsam aber sicher zerrüttende Arbeit fortzusetzen. Vielleicht könnte mit einigem Rechte darauf geantwortet werden, dass der Staat nicht über die Lebensbedingungen dieser Personen waltet, wohl aber über diejenigen des Gefangenen.

Das hier als »Mittelschwere Verbrechen» bezeichnete Gebiet erstreckt sich also von dem Punkte an, wo die Schwere der Kriminalität eine Freiheitstrafe rechtfertigen kann, lang genug um eine bessernde Wirkung auszuüben, bis zu dem Punkte, wo die Schwere der Kriminalität eine Beeinflussung des Willens erheischt während einer längeren Zeit als die Zellstrafe dauern darf. In der Weise würde sich die Zellstrafe binnen ziemlich enger

Grenzen bewegen, eventuell zwischen sechs Monaten und drei Jahren.

C. Schwere Verbrechen.

Wenn die Zellstrafe nicht über drei Jahre ausgedehnt werden darf, so folgt, dass für die »schweren» Verbrechen die ordinäre Strafe wenigstens insofern eine »Progressivstrafe» sein muss, dass sie von Einzelhaft zur gemeinsamen Haft übergeht. Denn dass die langdauernde Freiheitstrafe mit Zelle zu beginnen hat, folgt aus dem schon Bemerkten betreffs der grösseren Fähigkeit der Zellstrafe eine wirkliche Besserung einzuleiten. Da aber die bessernde Wirkung der Gemeinschaftsstrafe immer zweifelhaft bleibt, und diese dem durch die Zellstrafe gewonnenen guten Erfolge direkt entgegenwirken wird, so gäbe es für eine aus Zellstrafe + einer *kurzen* Gemeinschaftsstrafe bestehende Progressivstrafe wenig Grund. Es ist *wahrscheinlich*, dass drei Jahre Zelle in den meisten Fällen eine vorteilhaftere Wirkung auf den Verbrecher haben als vier Jahre Zelle; es ist aber so gut wie *sicher*, dass drei Jahre Zelle allein vorteilhafter wirken als drei Jahre Zelle + ein Jahr Gemeinschaftsstrafe. Wie man die Freiheitstrafe überhaupt so lange wie möglich meiden sollte, so muss man auch, wenn sie unvermeidlich ist, die Gemeinschaftsstrafe möglichst lange meiden. Das lässt sich nur so erzielen, dass man etwa bei der dreijährigen Zellstrafe stehen bleibt, bis man den Grad der Kriminalität erreicht, der hoch genug ist, um über die drei Jahre Zellstrafe hinaus noch dazu mit ziemlich langdauerndem Gemeinschaftsgefängnisse belegt werden zu können. In solchen Fällen kann die Gemeinschaftsstrafe einen Nutzen herbeiführen, der ihren unvermeidlichen Schaden aufwiegen kann, nämlich teils ein *wesentlich* längeres Unschädlichmachen, teils, durch die Verlängerung der totalen Strafzeit, eine *wesentlich* vermehrte Abschreckungsfähigkeit und entsprechenderweise eine stärkere allgemeinpräventive Wirkung. Wenn das Höchstmass der Zellstrafe drei Jahre beträgt, würde vielleicht das Mindestmass der Progressivstrafe auf fünf Jahre angesetzt werden können, d. h. drei Jahre Zellstrafe mit nachfolgendem Gemeinschaftsgefängnisse während zweier Jahre. Natürlich ist es eine Unannehmlichkeit (auch unter allgemeinpräventivem Gesichtspunkte), dass die Strafzeiten plötzlich von drei auf fünf Jahre hinaufspringen, so dass den stetig steigenden Graden der Kriminalität nicht stetig steigende Strafzeiten entsprechen, sondern vielmehr alle die Kriminalitätsgrade, welche mit Freiheitstrafe von drei bis zu fünf Jahren hinauf belegt werden sollten, von einer und derselben Reaktion, nämlich drei Jahre Zellstrafe, betroffen werden. Diese Unannehmlichkeit aber wird durch die Tatsache mehr als aufgewogen, dass der Zusatz einer *kurzzeitigen* Gemeinschaftsstrafe geringen oder gar keinen Nutzen bringt, aber grossen Schaden (wie auch eine Ausdehnung der Zellstrafe selbst über drei Jahre hinaus durchschnittlich mehr Schaden als Nutzen bewirken würde). Hier ist zu bemerken, dass die schädlichen Wirkungen der Gemeinschaftsstrafe keineswegs, wie diejenigen der Zellstrafe, im Verhältnis zur Zeitdauer der Strafe (oder noch schneller) wachsen. Was die Gemeinschaftsstrafe an Schaden überhaupt anrichten kann, davon wird schon ein halbes oder ein Jahr das meiste tun. Der Schaden einer kurzen Gemeinschaftsstrafe ist also annähernd derselbe wie derjenige einer langen; während aber der Nutzen jener mehr als problematisch ist, kann diese wenigstens eine bedeutende unschädlichmachende und abschreckende Wirkung ausüben.

Um die Schädlichkeiten der Gemeinschaftsstrafe nach Möglichkeit zu vermindern ist (von der selbstverständlichen Isolierung zur Nachtzeit abgesehen) nichts notwendiger als die Verbrecher in Gruppen abzusondern, nicht nach der objektiven Schwere des Verbrechens sondern nach dem Grade der Verworfenheit, soweit diese zu ermitteln ist. Aus diesem Grunde dürfen erstmalige Verbrecher nicht in nahe Berührung mit rückfälligen Verbrechern kommen. Bei jenen liegt durchschnittlich, auch bei schwereren Verbrechen, eine weit grössere Möglichkeit vor, dass sich die Kriminalität nicht allzu eingewurzelt zeigen wird. Das Gesagte schliesst keineswegs aus, dass auch *innerhalb* der erstmaligen Verbrecher eine Sonderung stattfindet.

Natürlich ist es, hinsichtlich der verschiedenen Individualität (Körperbeschaffenheit, Anlage, früherer Beschäftigung, Aussichten nach beendigter Strafzeit usw.) unumgänglich nötig in der Strafanstalt vielerlei Arbeiten zu betreiben und es sollte eine Aufgabe der Strafanstalt sein, den Gefangenen nicht weniger sondern mehr arbeitsfähig zu entlassen als er eingeliefert wurde. Indessen scheint die Erfahrung spätester Zeiten an die Hand zu geben, dass die Arbeit in freier Luft (Aufforstung, Urbarmachung, Entwässerung) grossen Vorzug hat vor der Arbeit im geschlossenen Raume, jedenfalls hinsichtlich der körperlichen und wohl auch, wenigstens mittelbar, der geistigen Beeinflussung des Gefangenen. Dazu kommt, dass es an und für sich zu wünschen ist, in Betracht der grösseren Versuchungen des städtischen Lebens (von denen die oben genannten Ergebnisse der Kriminalstatistik zeugen), dass der Gefangene nach der

Entlassung, in den Fallen wo es füglich geschehen kann, von der Stadt und dem städtischen Leben ferngehalten wird und sich also durch Landarbeit ernährt. Natürlich werden sich grossenteils praktische Schwierigkeiten (körperliche Untauglichkeit des Gefangenen, Bewachungskosten usw.) jener Anordnung der Gemeinschaftsstrafe entgegen stellen. aber die letzten Erfahrungen einiger Lander scheinen im ganzen ermunternd zu sein. Noch ist zu bemerken, dass durch die vorteilhafte Einwirkung des Lebens im Freien auf das Geistesleben der Gefangenen auch die gegenseitige schädliche Einwirkung wesentlich vermindert zu werden scheint. Fur die kunftige Gemeinschaftsstrafe stellt es sich daher als eine Aufgabe dar, der grosstmoglichen Anzahl von Gefangenen — zwar zunächst denjenigen, welche sehr langdauernde Gemeinschaftsstrafen verbussen, aber nicht ausschliesslich diesen wenigen — die Gelegenheit einer derartigen Arbeit im Freien zu bereiten. Die Vorsicht gebietet mit einer Elite der Gefangenen den Anfang zu machen und zwar nur wahrend einer kurzeren Zeitperiode gegen das Ende der Gemeinschaftsstrafe; nachher weiter fortzuschreiten, in dem Masse wie die Erfahrung (Ruckfallsziffern nicht zu vergessen!) ermunternde Erfolge aufweist. Der Zukunft mag es vorbehalten sein zu erforschen, in wie weit diese Strafform auch bei den kürzeren Freiheitstrafen, wo nach dem jetzigen Standpunkte der Erfahrung die reine Zellstrafe anzuraten ist, zur Verwendung kommen konnen.

Als *Hochstmass* der zeitbestimmten Progressivstrafe ist dasjenige des schwedischen Strafgesetzes (zehn Jahre) ohne Zweifel zu niedrig. Kein vernünftiger Grund lässt sich finden, um innerhalb des Strafensystems einen Sprung von zehn Jahren bis zur lebenslänglichen Einsperrung zu machen (oder, wenn man will, bis zu 25 Jahren, wenn etwa diese Ziffer, wegen Begnadigung, als tatsächliche Normalzeit des auf Lebenszeit Verurteilten anzusehen ist). Daraus, dass in einem gegebenen Falle zehn Jahre Einsperrung zu wenig sein mögen, kann nicht gefolgert werden, dass lebenslängliche Einsperrung das Richtige getroffen hat. Ein Höchstmass von 20 bis 25 Jahren ist darum unbedingt zu befürworten.

Eine unerlässliche Voraussetzung dafür, dass die Progressivstrafe eine wirkliche Progressivstrafe sein und ihren Zweck erfüllen soll, ist, dass der Gefangene nach der Beendigung der eigentlichen — in diesem Falle ja immer ziemlich langwierigen — Strafzeit einer *Nachbehandlung* unterworfen wird; dass man ihn ja nicht, wenn ihm die Gefängnispforten geöffnet werden, seinem Schicksal einfach überlässt, sondern auf die Herstellung einer Übergangszeit zwischen der langdauernden Strafzeit und dem ganz freien Leben bedacht ist. In den geltenden Gesetzen ist dieser Gedanke, wie bekannt, unter dem Namen der bedingten Entlassung, oft mit einer *belohnenden Strafverkürzung* verknüpft worden. Das letztgenannte Institut ist für den Strafvollzug von grossem Werte: *teils* gibt es dem Gefangenen eine gewisse geistige Elastizität, hält ihn aufrecht durch die Aussicht der Strafverkürzung; *teils* wirkt es als ein kräftiges Disziplinmittel, indem er sich davor fürchtet durch schlechte Führung diese Aussicht zu verwirken. Dass die durch gutes Betragen in der Strafanstalt zu gewinnende Strafverkürzung nicht unbedingt ist, sondern von dem Betragen des Entlassenen während einer gewissen Probezeit nach der Entlassung abhängt, ist in jeder Hinsicht richtig. Etwas anderes ist aber die soeben berührte Einrichtung einer Übergangszeit, während deren der Entlassene nicht völlig gleichgestellt mit einem Ungestraften ist, sondern seine Freiheit — in seinem ureigensten Interesse — gewissen Beschränkungen unterworfen sein soll. Dieses Institut sollte keineswegs nur die Elite der Gefangenen umfassen, welche gegenwärtig bedingt entlassen werden. Im allgemeinen darf angenommen werden, dass mehr verhärteten Verbrechern die bedingte Entlassung nicht zu teil wird. Wenn aber je einem Verbrecher die Übergangszeit nötig tut, so gilt es für diesen mehr bösartigen, der von der Strafe nicht genügend beeinflusst sein wird. Eben weil sich der Gefangene nicht so aufgeführt hat, dass man ihn mit Strafverkürzung hat belohnen können, ist es um so notwendiger, dass ihm nach der Entlassung unter die Arme gegriffen wird, es sei denn dass man ihn bald in die Strafanstalt zurück wünscht. Belohnende Strafverkürzung und Übergangsbehandlung sind darum als zwei, jedes für sich nützliche, auf ganz verschiedenen Grundlagen beruhende Institute aufzufassen, welche demgemäss ohne Vermengung jedes für sich auszuführen sind. Jene ist auf die Gefangenen zu beschränken, welche sich darum besonders verdient machen: sie wirkt während der Strafzeit als Sporn und Zugel zugleich; diese muss alle Progressivgefangenen ohne Ausnahme umfassen und am allerwenigsten die schlechtesten Verbrecher beiseite setzen. Der Gesetzgeber muss das eine tun und das andere nicht lassen.

Was die Länge der Übergangszeit betrifft, ist es eine von der Kriminalstatistik so gut wie uberall konstatierte Tatsache, dass die meisten Rückfälle während der zwei bis drei unmittelbar auf die Entlassung folgenden Jahre stattfinden. Hat der Entlassene diese Inkubationszeit des Rezidivismus glücklich überstanden, so ist die Aussicht, dass er unsträflich bleiben wird, wesentlich grösser als in dem Augenblick der Entlassung. Dieser Tatsache gemäss sollte die Übergangszeit auf höchstens drei, wenigstens aber zwei Jahre festgesetzt werden. Da es sich ja hier um Strafen von wenigstens fünf Jahren handelt, liegt auch in der erstgenannten Zeitlänge nichts Unproportioniertes.

Es ist einleuchtend, dass diese Übergangszeit entfernt nicht immer einzig und allein durch humanitäre Fürsorge effektiv genug wird: Durch Verschaffen geeigneter Arbeit an geeignetem Orte, ökonomische Stütze, Ratschläge und Ermahnungen usw. Ist es schon für den infolge guten Betragens Entlassenen wünschenswert, dass die genannten Massnahmen von einem bestimmten Machtmittel gestützt werden, einer Strafandrohung, welche während einer gewissen Probezeit über ihm schwebt und ihn trifft, sofern sein Betragen nicht tadelfrei ist, so ist dieses Machtmittels noch schwerer zu entraten bei demjenigen, welcher sich nicht so aufgeführt hat, dass er mit Strafverkürzung hat belohnt werden können. Da es sich nun nicht etwa als besonderes Verbrechen hinstellen lässt, wenn sich ein gewesener Progressivgefangener während gewisser Zeit nach der Entlassung schlecht aufführt, so ist der Zweck kaum anders zu gewinnen als in der Weise, dass man, unangesehen der belohnenden Strafverkürzung, einen gewissen ein für allemal bestimmten Teil jeder Progressivstrafe (etwa ein Jahr) als *obligate* Strafverkürzung von dem Strafvollzuge in erster Hand abscheidet um ihn über dem Entlassenen als eine Art von bedingter Verurteilung schweben zu lassen, welche vollzogen wird, falls er schlechtes Betragen zeigt, sonst aber wegfällt. Wenn sich der Progressivgefangene in der Strafanstalt besonders gut benimmt, erfreut er sich also, teils, wegen dieses seines guten Betragens, einer besonderen für jeden Fall der Zeitdauer nach zu bestimmenden Strafverkürzung, teils der obligaten für alle Progressivstrafen überhaupt festgesetzten, stets gleichen Strafverkürzung (eines Jahres). Zusammen dürfen diese beiden Strafverkürzungen nicht einen gewissen Bruchteil (etwa ein Drittel) der Zeitdauer der verhängten Strafe übersteigen. Bei einer auf zwölf Jahre verhängten Progressivstrafe würde also frühestens nach acht Jahren (von denen die drei ersten in Zelle zu verbussen waren) Entlassung in Frage kommen. Von dem wegfallenden Teile würde das eine Jahr die obligate Verkürzung ausmachen, der Rest von dem besonderen Wohlverhalten des Gefangenen abhangen. Bei Verwirkung der Freiheit wäre der ganze weggefallene Teil in einem Zuge zu verbussen. Sollte in dem unterstellten Falle der Gefangene nicht mit Strafverkürzung belohnt werden, wäre er jedenfalls nach elf Jahren zu entlassen und auf eine zweijährige (oder dreijährige) Probezeit zu stellen: bei Verwirkung der Freiheit wäre er wieder hineinzusetzen um das rückständige Jahr abzusitzen. Dieses Strafjahr wird am besten in der Zelle verbracht (u. a. um die Abschreckungsfähigkeit der während der Probezeit schwebenden Strafandrohung zu erhöhen); dasselbe muss wohl dann auch von dem ersten Jahre der rückständigen Strafe des erstgenannten Gefangenen gelten. Die Konsequenz erfordert, dass die Probezeit, mag sie zwei oder drei Jahre ausmachen, dieselbe in allen Fällen ist: sonst — wenn etwa die Probezeit bis zum Ende der ursprünglich verhängten Strafzeit dauern sollte — würde die Verkehrtheit entstehen, dass der wegen guten Betragens früher Entlassene sich eine längere — eventuell bedeutend längere — Probezeit gefallen lassen müsste als der des Rückfalls weit mehr Verdächtige und wegen schlechteren Betragens in der Strafanstalt nicht mit Strafverkürzung Belohnte.

Der Einwand gegen eine solche generelle Strafverkürzung, dass die Strafe so zuviel an Strenge verlieren würde, dürfte kaum Berücksichtigung verdienen. Bezüglich der langen hier allein in Frage stehenden Strafen wird es wohl keinem Bedenken begegnen, nachdem die Zeitlänge festgestellt ist, die der vorliegenden Kriminalität entsprechen soll, sie in dem Urteil mit einem Jahre zu verlängern, da ja dieses Jahr nur dann zur Vollstreckung gelangen wird, wenn es sich tatsächlich zeigt, dass die dem Verbrecher zugedachte Strafe unzureichend ist um ihn auf den Weg der Gesetzlichkeit zu bringen. Natürlich wäre bei der Feststellung des *allgemeinen* Mindestmasses und Höchstmasses der Progressivstrafe Rücksicht auf diese immer (in erster Hand) eintretende Subtraktion zu nehmen. Soll die Gemeinschaftsstrafe regelmässig nicht kürzer sein als zwei Jahre und also, falls das Höchstmass der Zellstrafe drei Jahre ist, das tatsächliche Mindestmass der Progressivstrafe fünf Jahre ausmachen, so muss man als formelles Mindestmass (d. h. als Mindestmass eines auf Progressivstrafe lautenden Urteils) sechs Jahre aufstellen; ebenso bedeutet die Aufstellung eines allgemeinen Höchstmasses von 25 Jahren soviel wie ein tatsächliches Höchstmass (in erster Hand) von 24 Jahren usw. In entsprechender Weise wäre zu verfahren bei eventueller Aufstellung, für besondere mit Progressivstrafe belegte Verbrechen, besonderer Rahmen oder besonderer Höchstmasse oder Mindestmasse (8—15 Jahre, 10—20 Jahre, nicht unter 10 Jahren, nicht über 12 Jahren usw.).

Von diesem naheliegenden Ausweg abgesehen ist es indessen nicht zu bezweifeln, dass eine etwas kürzere

Strafe *mit* Übergangszeit entschieden sicherer wirkt als eine etwas längere Strafe *ohne* Übergangszeit. Die Zeit unmittelbar nach der Entlassung ist, wie bemerkt, nach aller Erfahrung der empfindlichste Punkt in dem Leben des Verbrechers, wo es also gilt ihn mit allen geeigneten Mitteln, stützenden sowohl als abschreckenden, von dem Ausgleiten abzuhalten. Will man trotz alledem eine Unzuträglichkeit in der vorgeschlagenen Teilung der Strafe in einen unbedingten und einen bedingten Teil finden, so wird jedenfalls diese Unzuträglichkeit weit überwogen von dem dringenden Bedarf alles Tunliche zu tun um Rückfällen während der »Inkubationszeit« vorzubeugen. Die grösste Sorgfalt während der Strafvollstreckung ist einfach weggeworfen, wenn der Verbrecher — und vollends der *a priori* des Rückfalls besonders Verdächtige — sich unmittelbar nach der Entlassung wieder in die schlechten Verhältnisse begeben darf, die ihn von Hause aus zum Verbrecher geschaffen haben.

Zu den guten Gründen, welche aus Rücksicht auf den Verbrecher selbst eine Übergangsbehandlung erheischen, addiert sich ein weiterer Grund, nämlich die Rücksicht auf andere Rechtsgenossen. Jeder auf freiem Fusse lebende, schwerere Verbrecher, vor allem natürlich derjenige, dessen Betragen im Gefängnisse keine grössere Hoffnung auf unsträfliches Leben eingeflösst hat, ist der Gesellschaft als psychische Ansteckungsquelle, als Gefahr für die Umgebung, verdächtig. Fallt er in seine alten schlechten Gewohnheiten zurück, so bedeutet dies meistens nicht nur, dass er selbst bald wieder der Strafe verfallen sein wird, sondern auch, dass er unterdessen Schule bildet, einen Herd der sozialen Vergiftung ausmacht. Auch aus diesem Gesichtspunkte ist es vom grössten Gewicht ihn während der unmittelbar auf die

Strafe folgenden Zeit ja nicht ein Spiel des Zufalls sein zu lassen, sondern ihn auf den gesetzlichen Weg zu leiten und daselbst festzuhalten zu suchen; auch liegt in dem genannten Umstande ein neuer Grund um den Entlassenen von dem städtischen Leben möglichst fernzuhalten.

Die Bemerkung mag hier eingeschaltet werden, dass ebenso wie die Notwendigkeit der Übergangsbehandlung gerade bei den langwierigen Strafen, d. h. den Progressivstrafen, wegen der schwereren Kriminalität hervortritt, so gibt es auch einen anderen Grund, der sie notwendiger macht, je länger die Strafzeit dauert; um so mehr ist nämlich der Verbrecher der wirklichen Welt entwöhnt und ausser Stande gesetzt, auch mit gutem Willen, sich selbst zu helfen.

Da hier die Notwendigkeit der Strafdrohung als Machtmittel während der Übergangszeit betont worden ist, so mag, um Missverständnissen vorzubeugen, ausdrücklich hervorgehoben werden, dass mit einer derartigen Strafdrohung, verbunden mit einer »Fürsorge« in der Form einer polizeilichen Aufsicht, sehr wenig gewonnen wäre. Das Hauptgewicht liegt ohne Zweifel auf der vorher besprochenen, humanitären Fürsorgewirksamkeit nach der Entlassung. Erste Bedingung des Nichtrückfälligwerdens ist die Möglichkeit für den Entlassenen sich ohne Verbrechen ernähren zu können, und diese Möglichkeit kommt nicht immer von selbst. Nicht nur die Tatsache, dass dieser Mensch ein schweres Verbrechen begangen und eine schwere Strafe verbüsst hat, macht ihm den Kampf ums Dasein schwerer als sonst; dazu kommt noch die eben bemerkte, durch das langwierige maschinenmässige Leben in der Strafanstalt erzeugte, mit der Länge der Strafzeit wachsende Unbeholfenheit für das freie Leben. Auch nach der Beendigung der eigentlichen Probezeit, wenn also die über dem Entlassenen schwebende Strafdrohung weggefallen ist, ist es gewiss sehr zu wünschen, dass ihm die private Fürsorge eine stützende Hand reicht und bestrebt ist, ihn von der Arbeitslosigkeit zu erretten, ihn an geeignetem Orte zurückzuhalten usw. Dies keineswegs ausschliesslich aus Mildherzigkeit gegen den Gefangenen selbst — mancher andere konnte ja begrundeteren Anspruch auf Mildherzigkeit erheben — sondern vor allem wegen der direkten und indirekten Gefahr, die in seiner Person der Gesellschaft droht, falls er, wie es so leicht geschehen kann, entgleist. Ganz so wie die Gesellschaft auf einen Cholerakranken Mühe und Kosten verwendet, welche sie nicht auf einen gesunden Menschen verwenden würde, so hat sie denselben — wenn man so will, sozialegoistischen — Grund sich um den Verbrecher besonders zu kümmern. Der Gesunde ist ungefährlich, der gesetzlich Lebende ebenso; der ansteckend Erkrankte und der Verbrecher sind dagegen beide, jeder auf seine Weise, für die Gesellschaft in hohem Grade gefährlich, wenn man sich ihrer nicht annimmt. Da nun ein einfaches Ausrotten oder Unschädlichmachen, wie es vielleicht in weniger empfindlichen Zeiten vorgekommen ist, aus Humanitätsrücksichten ausgeschlossen ist, so muss die Gesellschaft im eigenen Interesse auf andere Weise diese Gefahrträger zu neutralisieren suchen, was die Verwendung von Mühe und Kosten auf ihre Personen nötig macht.

Eine von der modernen Gesetzgebung mitunter berührte Frage betrifft das Alkoholverbot während der Probezeit. In Anbetracht des nahen Zusammenhanges zwischen Alkohol und Verbrechen scheint es theoretisch ganz befugt während der unmittelbar auf einer langen Freiheitstrafe folgenden Zeit dem Entlassenen diese Beschränkung aufzuerlegen. Bei der Ausführung aber begegnet man dem Hindernis, dass wenigstens in den Fällen, wo der Aufenthaltsort nicht dem in einigen Ländern vorkommenden »Lokalverbot» unterworfen ist, sowohl die Versuchungen fast unwiderstehlich werden können wie auch die Aufsicht so gut wie unmöglich. Solchenfalls kann ein Verbot — welches ja, wie die Menschennatur nun einmal ist, immer eine Verlockung einschliesst — mehr zum Schaden als zum Nutzen werden. Allgemein dürfte daher die genannte Massregel, unter gegenwärtigen Verhältnissen, kaum zu empfehlen sein. Was man damit gewinnen möchte, das ist vielmehr auf einem anderen Wege nämlich durch sorgfältige Wahl des Aufenthaltortes des Entlassenen zu erstreben.

Das Obige ist freilich zunächst für die langdauernde Freiheitstrafe, dem schweren Verbrechen entsprechend, abgesehen. Es erhellt aber, dass dieselben Erwägungen mehr oder weniger auf alle Freiheitstrafen Anwendung finden, also auch auf die schon erörterte Zellstrafe für die mittelschweren Verbrechen. Freilich ist das Bedürfnis der betreffenden Massnahmen weniger dringend bei den einzelnen Fällen der Zellstrafe als bei den einzelnen Fällen der Progressivstrafe, dafür gibt es aber der mittelschweren Verbrechen weit mehr als der schweren. Absolut notwendig ist jedenfalls eine besondere Pflege des soeben Entlassenen; und es wäre der Erwägung wert, ob nicht auch bei der Zellstrafe — entsprechend der obigen Erörterung der Progressivstrafe, — sowohl eine belohnende Strafverkürzung, als Disziplinmittel während der Strafzeit, wie auch eine obligate Strafverkürzung, als Disziplinmittel während einer der Entlassung folgenden Probezeit, zur Verwendung kommen könnte.

Obgleich hier nicht die Rede ist von der extrem chronischen Kriminalität (wovon vgl. unten), muss auch die lebenslängliche Freiheitstrafe unter die (allgemeinen) Strafmittel mitgenommen werden: dies nicht nur wegen der Allgemeinprävention, sondern schon aus dem Grunde, weil auch ein einzelnes Verbrechen der objektiv schwersten Art unter solchen Umständen begangen werden kann, welche die chronische Beschaffenheit des Verbrechers recht wahrscheinlich machen und es ungeeignet erscheinen lassen sich im voraus dazu zu verbinden, ihn, auch wenn er sich deutlich während der Strafzeit als besonders gefährlich herausstellt, unbedingt nach dem Ablauf der festgesetzten Zeit frei zu geben. Bei geringeren Verbrechen freilich kann man aus vorher genannten Gründen diesem Übelstand nicht entgehen: bei den schwersten Verbrechen aber haben jene Gründe keine Gültigkeit. Das Mittel wird bisweilen eine Härte gegen solche Verbrecher bedeuten, welche nicht ausgeprägter chronisch sind oder sich jedenfalls während der Vollstreckung als besserungsfähig herausstellen: hinsichtlich aber der geringen Zahl der einschlägigen Fälle wird das Mildern dieser Härte ohne Bedenken der begnadigenden Funktion überlassen werden können.

--

Was die Frage einer gelinderen Form der Freiheitstrafe für gewisse Arten von Verbrechen oder Verbrecher betrifft, so vgl. unten (*custodia honesta*, S. 129 ff.).

Wenn auch regelmässig das Verhältnis zwischen Freiheitstrafe und Geldstrafe alternativ zu denken ist, so dass Geldstrafe nicht in Frage kommt, wenn die Kriminalität schwer genug ist um direkt mit Freiheitstrafe belegt zu werden (vgl. auch unten wegen Konkurrenz, S. 127), so lassen sich doch nicht wenige Fälle denken, wo sowohl general- als individualpräventive Gründe dafür sprechen auch bei schwereren Verbrechen die Geldstrafe zu verwenden (solchenfalls natürlich *neben* der Freiheitstrafe). Dies trifft vor allem bei den auf Gewinnsucht beruhenden Verbrechen vom berufsmässigen Typus zu (so oft bei Kuppelei, Hehlerei, Abtreibung u. s. f.), wo anzunehmen ist, dass der Verbrecher, wenn er für die Freiheitstrafe nicht genügend empfindlich sein sollte, um so empfindlicher ist für eine bedeutende Geldstrafe.

Es erübrigt, das typische Strafensystem betreffend, zwei in unseren Tagen sehr umstrittene Fragen zu erörtern, nämlich die Verwendung der *Todesstrafe* als ein Strafmittel für die allerschwersten Verbrechen und der sog. *Afflikti**v**strafen* — durch körperlichen Schmerz oder Unbehagen wirkende Strafen — als entweder eine Schärfung bei gewissen schwereren, oder als ein selbständiges Strafmittel bei geringeren Verbrechen.

Die moderne Diskussion über die Beibehaltung der *Todesstrafe* hat immer die Form einer Alternative zwischen Todesstrafe und lebenslänglicher Freiheitstrafe. Da die letztere, wie vorhin bemerkt, jedenfalls in das Strafensystem eingehen muss, so bezieht sich also der Streit darauf, ob sie etwa für gewisse Fälle unzureichend und gegen Todesstrafe zu vertauschen sei. Im Laufe der Zeiten sind von der einen oder anderen Seite vielerlei »absolute» Gründe aufgestellt worden. sei es für oder gegen die Todesstrafe. Von diesen insgesamt ist zu sagen. dass sie unhaltbar sind. mogen sie sich in der einen oder anderen Richtung bewegen. Wenn man *für* die Todesstrafe. bei Verbrechen. in deren Tatbestand vorsätzliches Toten enthalten ist. eine Forderung der Rechtsidee auf Vergeltung in der Form der Talion (Leben um Leben) herangezogen hat. so konnte man eben so gut das Ausstechen der Augen dessen fordern. der vorsätzlich Augen ausgestochen hat. Findet sich die Rechtsidee darin. dass dieses mit Einsperrung statt mit Talion gestraft wird. so muss auch jenes so behandelt werden können. Dabei ist ja in der modernen Diskussion niemals davon die Rede. dass *alles* vorsätzliche Toten mit Todesstrafe belegt werden sollte. was die Konsequenz erheischen würde. Das Talionsprinzip ist also *de facto* schon längst verlassen. — *Gegen* die Todesstrafe hat man eingewendet. die Gesellschaft habe das *Recht* nicht. das Leben eines Menschen zu nehmen. Wenn aber dieses Argument Anspruch auf absolute Bedeutung erhebt (und sich nicht auf die tatsächliche Behauptung beschränkt. dass die Rechtsanschauung einer gegebenen Zeit die betreffende Kollision zwischen den Interessen der Gesellschaft und des Verbrechers so löst). so muss es als völlig unbegründet bezeichnet werden. Der Rechtsgenosse hat keine anderen Rechte als ihm die Gesellschaft verleiht: »Rechte» sind überhaupt keine absoluten Begriffe sondern wechseln und müssen wechseln ins Unendliche mit den Zeiten und den Verhältnissen: die sogenannten angeborenen Menschenrechte sind nichts anders als ein Reflex der Weltanschauung. in einer gegebenen Zeit. hinsichtlich des Verhältnisses zwischen Gesellschaft und

Individuum. Das Argument wird nicht haltbarer durch jenen Zusatz, dass die Gesellschaft deswegen das Leben des Rechtsgenossen nicht nehmen dürfe. weil sie ihm das Leben nicht gegeben habe. In der Tat hat die Gesellschaft eben so wohl oder eben so wenig dem Individuum das Leben gegeben. wie sie ihm etwa die freie Bewegungsfähigkeit gegeben hat. deren sie es durch die Freiheitstrafe beraubt. Eher könnte man geltend machen, dass die Todesstrafe. im Verhältnis zu der gleich darunter folgenden Strafe. einen *Sprung*, eine Diskontinuität ausmacht, welche ungerecht oder uneigentlich wird, da sich die Grade der Kriminalität in steter Steigung bewegen. Aber auch dieses Argument ist um so weniger entscheidend, als derartige Sprünge auch sonst vorkommen und nicht auszuschliessen sind (vgl. besonders den Übergang von der Geldstrafe zur Freiheitstrafe).

Da sich nun die Frage nicht mit absoluten Argumenten lösen lässt, ist man auf die relativen angewiesen. Ist es in einem modernen Kulturstaat *zweckmässig,* hinsichtlich der Wirkung der Strafen und der herrschenden Rechtsanschauung, die Todesstrafe zu behalten? Ohne weiteres leuchtet ein, dass die etwaigen Zweckmässigkeitsgründe *für* die Todesstrafe abgeschwächt werden müssen, teils in dem Masse wie sich das Verbrechen von den allerschwersten entfernt. von denen die Gesellschaft vor allem abschrecken will, teils in dem Masse wie der Verbrecher besserungsfähig erscheint. M. a. W. das aus Zweckmässigkeitsgründen der Todesstrafe vorzubehaltende Gebiet müsste in erster Linie dasjenige sein, wo das *stärkste Abschreckungsbedürfnis* (gegen andere Individuen) mit der *ausgesprochensten Unverbesserlichkeit* des Verbrechers selbst zusammentrifft. Man hat also zunächst teils die Abschreckung, teils die Unverbesserlichkeit in ihrem Zusammenhange mit der Todesstrafe zu untersuchen.

Bewirkt, um mit der Abschreckungsfrage zu beginnen, das Vorkommen der Todesstrafe in einer gegebenen Gesetzgebung eine Verminderung der Anzahl der mit Todesstrafe belegten Verbrechen? Dies ist eine Erfahrungsfrage und es muss betont werden, dass *nur* die Tatsachen, die wirklichen statistischen Ziffern, und keineswegs eine psychologische Erörterung *a priori* die Antwort geben können. Das Material fehlt nicht: es gibt Länder, wo die Todesstrafe existiert und fleissig verwendet wird; Länder, wo sie sich im Gesetz vorfindet haben zeitweise recht viel, zeitweise wenig oder gar nicht verwendet worden ist; Länder, die sie abgeschafft haben, die sie wieder eingeführt haben, die sie wieder eingeführt und noch einmal abgeschafft haben. Dazu kommt der Vergleich zwischen unserer Zeit, wo die Todesstrafe jedenfalls auf relativ wenige Verbrechensarten beschränkt ist, und einer älteren Zeit, als die Todesstrafe, besonders in gewissen Ländern, z. B. England, beinahe die ordinäre Strafe war für alle schweren Verbrechen. Was besagen nun diese Ziffern? Sind sie durchschnittlich besser für die Zeiten, wo die Todesstrafe einen grösseren Raum eingenommen hat und für die Länder, wo sie im Gesetz und in der Praxis geblieben ist? Zeigen sie, dass der Abschaffung eine Verschlechterung der Statistik gefolgt ist, der Wiedereinführung eine Verbesserung, der abermaligen Abschaffung eine neue Verschlechterung? Zeigen sie — ein Experiment, welches vielleicht, als gewissermassen das reinste, am meisten geeignet wäre zu überzeugen — eine verschiedene Proportion zwischen den schwersten und allen übrigen Verbrechen, je nachdem diese schwersten mit Todesstrafe belegt sind oder nicht, etwa 3 Morde auf 1000 Diebstähle in dem einen, 4 Morde auf 1000 Diebstähle in dem anderen Falle — es wäre nämlich ja zu erwarten, dass wenn eine Gesetzgebung einen wirklich stärkeren Hemmschuh auf einem kleinen Teil des grossen Gebiets der Kriminalität angelegt hat, dieser kleine Teil verhältnismässig tiefer heruntergepresst gehalten werde als das ganze übrige Gebiet? — *Sie zeigen nichts von alledem.* Die Untersuchungen bei der Durchführung des geltenden Strafgesetzes in Italien, wo z. B. Toscana seit 1765 nicht weniger als fünfmal mit Abschaffung, Wiedereinführung u. s. f. hin und zurück gewandert war, bevor es, gleich dem übrigen Italien, endgültig bei der Abschaffung stehen blieb, boten für die grössere Abschreckungsfähigkeit der Todesstrafe keine Stütze dar; noch weniger die Erfahrung in Italien *nach* der Durchführung des Gesetzes. Sizilien hatte vor der Abschaffung der Todesstrafe sehr hohe Ziffern für vorsätzliches Töten und hat sie noch immer; Norditalien hatte relativ niedrige Ziffern und hat sie noch immer; die Hauptsache ist indessen, dass, gleichwie die beiden genannten Gebiete jedes für sich, auch Italien als ein Ganzes ein gleichmässig fortschreitendes *Sinken* zeigt nach der Abschaffung der Todesstrafe (während der Jahre 1880—86 durchschnittlich etwa 16, im Jahre 1904 etwa 9 pr 100000 Einwohner; absolute Ziffern damals 4746 gegen 3011 i. J. 1904; subtrahiert man Sizilien und Campanien, so sinkt die letztgenannte Ziffer bis auf die Hälfte hinab). Spanien, wo die Todesstrafe ununterbrochen existiert hat und verwendet worden ist, zeigt i. J. 1904, neben 911 Totschlagsverbrechen, für das mit Todesstrafe belegte Mordverbrechen (asesinato etc.), die Ziffer 150 gegen eine Diebstahlsziffer von kaum 6000; Norwegen, wo die

Todesstrafe in forma i. J. 1902 abgeschafft wurde, nachdem sie schon lange ausser Gebrauch gewesen war, zeigt im selben Jahre 1904 für Mord die Ziffer 1 (i. J. 1903: 0) gegenüber einer Diebstahlsziffer von mehr als 2600; also in Spanien, *mit* Todesstrafe, die Proportion 1: 40 zwischen Mord und Diebstahl, in Norwegen, *ohne* Todesstrafe, die Proportion 1:2600.

Kurz: die Erfahrung liefert keinen Beweis fur die grössere Abschreckungsfähigkeit der Todesstrafe. Freilich ist kaum zu bezweifeln, dass die Todesstrafe, fur die grosse Mehrzahl der Verbrecher, wie für die Menschen unserer Zeit überhaupt, als ein grösseres Übel als die Freiheitstrafe dasteht und in diesem Sinne grössere Abschreckungskraft besitzt. Ganz gewiss wurde ein solches Experiment wie etwa Todesstrafe auf Diebstahl ein unerhörtes Sinken der Diebstahlsziffern herbeiführen, weit grösser als wenn mit lebenslänglicher Einsperrung dasselbe Experiment gemacht würde. Hieraus aber darf man keinen voreiligen Schluss ziehen. Es kommt nicht darauf an, ob sämtliche Diebe, Betrüger usw. Todesstrafe oder lebensländliches Zuchthaus vorziehen würden. Die praktische Frage gilt ausschliesslich, wie *diejenigen* Verbrecher, welche im Begriff stehen todeswürdige Verbrechen zu begehen, *in jenem Augenblicke* (aber ja nicht bei der Urteilsvollstreckung!) von der Furcht vor der Strafe beeinflusst werden. Und aus dem statistischen Ergebnisse muss man schliessen, dass sie die Furcht vor der Todesstrafe nicht wesentlich anders beeinflusst als die Furcht vor der lebenslänglichen Einsperrung. In Anbetracht der Beschaffenheit *dieser* Verbrecher ist es auch keineswegs unverständlich, warum gerade für sie der genannte Unterschied keine praktische Rolle spielt. Gewöhnlich werden die einschlägigen Verbrechen entweder von berufsmässigen, äusserst verhärteten Verbrechern oder infolge äusserst aufgejagter Leidenschaften begangen. Dem erstgenannten Verbrecher ist die Strafe, der einen oder anderen Art, meistens schon seit lange eine Art von Berufsgefahr geworden, die ihn wenig mehr kümmert als sich etwa der abgehärtete Seemann darum kümmert, ob die innerhalb seines Berufs auf dem Meere Umkommenden 30 oder 50 % ausmachen. Von dem Verbrecher aus Leidenschaft hinwiederum gilt es wohl meistens, dass wenn ihn die Leidenschaft so beherrscht, dass die Furcht vor lebenslänglicher Einsperrung ihn nicht zurückzuhalten vermag, so lässt er sich überhaupt durch keine Furcht vor der Zukunft abschrecken; das Bild der Strafe vermag sich überhaupt nicht in seiner Seele gegenüber der Leidenschaft geltend zu machen. Nicht wenige diesbezügliche Fälle betreffen mehr oder weniger (latent) abnorme Verbrecher, deren Reaktion auf die Strafdrohung (wie auf Beweggründe überhaupt) völlig unberechenbar ist. Während politisch bewegter Zeiten kann, als ein wichtiger Fall, noch ein weiterer Typus hinzukommen: Derjenige, welcher nicht aus Leidenschaft im gewöhnlichen Sinne sondern durch seine Ansichten zum Verbrecher geworden ist, welcher also gewissermassen Verbrecher aus Prinzip ist, und dessen Verbrechen mehr oder weniger politisch gefärbt ist. Hier wird man nicht so ganz wenige Fälle finden, wo der Verbrecher die Todesstrafe, welche ihm die Märtyrerglorie verleiht, der lebenslänglichen Einsperrung, welche aus ihm einen Verschollenen macht, vorzieht. Auch sollte man nicht übersehen, dass gerade diese Glorie, wenn auch falsch, weit eher Gleichgesinnte fanatisiert, Nachfolger erzieht, als die Freiheitstrafe. Die letztere verbreitet eine hauptsächlich dämpfende Wirkung um sich her; die

Todesstrafe dämpft freilich auch -- und noch mehr — die schwachen Willen, stachelt aber vielleicht die starken an und wird diese leicht aus halben Fanatikern zu ganzen machen. Die Ansichten dieses zum Tode Verurteilten mögen welche auch immer sein, er wird dennoch als derjenige dastehn, welcher seine Ansichten mit seinem Blute besiegelt hat und gewiss ist es die grössere Klugheit dieses Siegel nicht anlegen zu lassen. — Offenbar darf man kein grosses Gewicht den freilich ganz gewöhnlichen Versicherungen der Verbrecher beimessen, dass sie, falls sie den Tod als Strafe erwartet hätten, das Verbrechen gewiss nicht begangen hätten. Die Beiträge dieser zum Tode Verurteilten zur eigenen Psychologie, *bevor* uber das Begnadigungsgesuch entschieden ist, sind mit der grössten Vorsicht aufzunehmen, und *nachdem* das Gesuch zurückgewiesen ist und der Verbrecher von der ausschliesslichen Vorstellung des Unabwendbaren beherrscht wird, mit wo möglich noch grösserer. Vielleicht hat er wirklich eine Überzeugung betreffs seiner Handlungsweise unter anderen Voraussetzungen: wenn es aber dem Menschen immer schwierig ist sich selbst zu erkennen, so ist der zum Tode verurteilte Verbrecher in diesem Stucke noch mehr Mensch als wir anderen.

Wie es auch sei, die unverrückbare Tatsache steht fest, dass die Erfahrung keineswegs einer Überlegenheit der Todesstrafe an Abschreckungsfähigkeit das Wort redet. Da also das Entscheidende für das Steigen und Sinken jener Ziffern nicht in der Art der Strafdrohung liegen kann, so wird es — von den oben besprochenen allgemeinen Kriminalitätsfaktoren natürlich abgesehen, welchen zufolge z. B. die Mordziffern *gleich den Verbrechensziffern überhaupt* weit höher in England *mit* Todesstrafe sind, als in dem von einer ziemlich gleichgearteten Rasse bevölkerten Norwegen, *ohne* Todesstrafe — hauptsächlich auf Sitte und Rassentemperament ankommen. Der Mensch in nordgermanischen Ländern, auch wenn ziemlich verbrecherisch veranlagt, versteigt sich doch nicht leicht dahin ein Menschenleben vorsätzlich zu nehmen, während ein von der Leidenschaft beeinflusster Sizilianer diese Handlung begeht, vielleicht gar ohne eine eigentliche Verbrechernatur zu sein. Werden Sitte und Anschauung durch Kultureinflüsse gezähmt, so sinken *diese* Verbrechensziffern, mit oder ohne Todesstrafe; werden sie nicht gezähmt, so bleiben die Ziffern stehen, ebenfalls mit oder ohne Todesstrafe.

Wenn eine Untersuchung der Abschreckungsfrage jedenfalls *keine Stütze* für die Aufnahme der Todesstrafe in das Strafensystem darbietet, so hat man betreffs der Unverbesserlichkeitsfrage das Recht noch einen weiteren Schritt zu machen und zu behaupten, dass ihre Untersuchung bestimmt *gegen* die Todesstrafe spricht. Freilich ist es, wie früher hervorgehoben wurde, ein gefährlicher Irrtum die Kriminalität *überhaupt* als einen grösseren oder geringeren Grad von Abnormität (im psychologischen Sinne) zu betrachten. Es ist aber unleugbar, dass der Kriminelle, in dem Masse wie er sich der Unverbesserlichkeit nähert, der Abnormität verdächtig ist. Der Abnormenprozentsatz wächst mit der Unverbesserlichkeit, wenn auch ausgeprägt unverbesserliche Verbrecher vorkommen, bei denen sich nichts Abnormes auffinden lässt. Jedermann sieht ein, in wie hohem Grade es gegen das Rechtsbewusstsein streiten würde die Todesstrafe zu verwenden, wenn Abnormität, wenn auch geringeren Grades, wirklich konstatiert ist. Der sozialgefährliche Abnorme, mag er noch so gefährlich und unverbesserlich sein, kann nicht hingerichtet werden. Auch wenn man es möglich findet, dass ein solches Ausrottungsprinzip jemals in der Zukunft Platz greifen könne, so steht es offenbar der Anschauung unserer Tage hinlänglich fern um hier übergangen werden zu können. Ebenso wenig würde die Todesstrafe nunmehr über schwere Verbrecher überhaupt, nur wegen ihrer Unverbesserlichkeit, verhangt werden können; das Rechtsbewusstsein würde sie nicht über ein recht kleines Gebiet der allerschwersten Verbrechen hinaus zulassen. Sie ist also nicht gegen die Unverbesserlichsten als solche verwendbar, sondern nur gegen *diejenigen* Unverbesserlichen, welche teils ein Verbrechen schwer genug um aus Vergeltungsgrunden die Todesstrafe aufzuwiegen begangen haben, teils nicht als Abnorme angesehen werden. Wenn nun auch die Todesstrafe, innerhalb ihres Verbrechensgebiets, auf wirklich Unverbesserliche in der Anwendung mag beschränkt werden können (und nicht, auf Besserungsfähige angewandt, die ein einzelnes Verbrechen dieser Art begangen haben, durch die zu starke Betonung der objektiven Seite ein rationelles Strafensystem ganz verrücken wird), so mutet es praktisch wenig an hier auf die unsichere und subtile Grenze zwischen Normalität und Abnormität zu bauen. Die Abnormitat stuft sich in unzähligen Graden ab, bis zu dem was man als Normalitat ansieht. Eine Unzahl von Unverbesserlichen, welche im Laufe der Zeiten — gleich vielen Besserungsfähigen — die Todesstrafe in der einen oder anderen Form erlitten habenwürden mit grosster Gewissheit von den jetzigen Psychiatern für ganz geisteskrank erklart worden sein; und es ist auch in unseren Tagen entfernt nicht leicht die Lage des einzelnen Falles zu bestimmen; neuerdings (1906) hat *Kraepelin* einen Fall mitgeteilt, wo die Obduktion ausgedehnte organische Veränderungen des Gehirns bei einem Verbrecher zeigte, welcher, nach Untersuchung von Kraepelin selbst, als normal angesehen und hingerichtet wurde. Gerade hier aber, bei den schwersten Verbrechen der Unverbesserlichen, wo die Grenze zwischen Normalen und Abnormen unsicherer als jemals und der Verdacht der Abnormität besonders stark ist, auch wo sie nicht bewiesen werden kann, ist die Bedeutung der Grenze grösser als sonst; sie entscheidet über Leben und Tod. Es ist für die Zukunft wenig zu bezweifeln (und die Erfahrung lässt es schon jetzt vorausempfinden), dass so gut wie in jedem Falle (dieses Typus), wo die Verwendung der Todesstrafe in Frage kommt, Meinungsverschiedenheiten entstehen werden, ob der Verbrecher auf die eine oder die andere Seite von der verhängnisvollen Scheidelinie rechtens zu stellen sei. Wollte man unterstellen, dass sich das Rechtsbewusstsein in einer solchen Änderung der Grenzlinie fügte, dass die Todesstrafe auch bei den geringeren Graden der *Abnormität* zu verwenden und nur die hochgradige (volle Geisteskrankheit oder Idiotismus) auszunehmen sei, so wäre bestenfalls nur das gewonnen, dass der Streit eine etwas geringere Anzahl von Fällen umfassen würde, indem er einen höheren Punkt der Abnormitätslinie beträfe, ob nämlich der gegebene Fall als volle Geisteskrankheit etc. anzusehen sei oder nicht. Jedenfalls können solche Zweifel nur zu leicht in weiten Kreisen Misstrauen erwecken, ob die vollstreckte Todesstrafe wirklich begründet gewesen sei, wie auch die Unsicherheit es leicht mit sich bringt, dass der Ausgang von wechselnden Stimmungen periodisch bestimmt wird, in der Volksopinion erzeugt durch irgend einen besonders bösartigen Fall, etwa von Lustmord oder Massenmord. — Mit diesem praktisch so wenig ansprechenden Ergebnis hat man nun das diesbezügliche Ergebnis eines Strafensystems ohne Todesstrafe zu vergleichen. Hier kann die Scheidung nach der Abnormengrenze nur den Sinn haben, dass der Verbrecher in dem einen Falle dem Kriminalasyle, in dem anderen Falle der Strafanstalt anheimfällt — ein Unterschied, welcher hinsichtlich der hier zu entscheidenden Fälle nicht allzu viel bedeutet; die Anstalt mag Asyl oder Zuchthaus genannt werden, die Hauptsache ist, das sie gut verriegelt ist. Ein bei der Verurteilung unterlaufener diesbezüglicher Irrtum würde nur das bedeuten, dass der in der Strafanstalt sein sollende Verbrecher sich tatsächlich im Asyl befindet oder umgekehrt (letzterenfalls lasst es sich ohnehin leicht gutmachen). Gewiss ist es, unter diesem Gesichtspunkte betrachtet, klug, durch die Nichtaufnahme der Todesstrafe, der Rechtsprechung die peinliche Aufgabe zu ersparen ein ebenso schwieriges wie verantwortungsvolles Problem zu lösen und der Gesellschaft die mehr oder weniger schädlichen Nebenwirkungen zu ersparen, welche infolge dieser Schwierigkeit leicht entstehen werden.

Bisweilen hat man den Vorzug der Todesstrafe, vor der lebenslänglichen Freiheitstrafe, als absolut unschädlichmachend hervorgehoben und sie aus diesem Gesichtspunkte als ein »Notwehrrecht der Gesellschaft» gegen gewisse Verbrecher verteidigt. Gewiss ist das Notwehrrecht der Gesellschaft ebenso selbstverständlich wie dasjenige des einzelnen. Und daraus ist praktisch zu folgern, dass eine *primitive* Gesellschaft, welche keine Möglichkeit hat die Verbrecher durch Gefängnisse u. dgl. unschadlich zu machen, sich von ihnen mit den ihr zu Gebote stehenden Mitteln befreien muss, sie als Friedlose in die Einode hinausjagen, auf dem Meere im ruderlosen Boote aussetzen usw. Es ist ein völliges Missverständnis diese Strafmittel als »barbarisch« zu rügen; sie sind, unter den genannten Voraussetzungen, einfach *notwendig*, und vielleicht innerhalb eines weit grösseren Gebietes der Kriminalität notwendig, als die Todesstrafe zu unserer Zeit angedroht ist. Auch die moderne Gesellschaft kann sich ohne Zweifel in einer Notwehrlage befinden, nicht nur äusseren, sondern auch inneren Feinden gegenüber. Aufruhr z. B. kann die Bekämpfung durch eine als wirkliche Notwehrhandlung der Gesellschaft anzusehende Gewaltmassnahme erheischen; und ebenso kann eine wirkliche Notwehrlage der Gesellschaft in solchen Fällen (wie etwa unlängst die Plünderungen nach dem Erdbeben in Messina) vorliegen, wenn die Umstände keine Rechtsprechung in gewöhnlicher Ordnung gestatten. Welchen Sinn aber will man mit einem Notwehrrecht der Gesellschaft gegen den einzelnen, schon eingefangenen Verbrecher verbinden? Die modernen Gefängnismauern sind doch nicht so mangelhaft, dass die Gesellschaft um die Flucht des Verbrechers zu verhindern sein Leben zu nehmen nötig hat. Oder sollte die Notwehr auf der Unmöglichkeit beruhen innerhalb der Strafanstalt Angriffen auf das Gefängnispersonal oder die Mitgefangenen vorzubeugen? Das eine wie das andere ist offenbar sinnlos und würde, wenn man es dennoch aufrecht erhalten wollte, viel weiter führen als man kommen möchte. Ein solches Notwehrrecht müsste folgerichtig nicht nur gegen viele anderen Verbrecher als die gegenwärtig mit Todesstrafe zu belegenden geltend gemacht werden, sondern vor allen Dingen gegen die gefährlichsten Geisteskranken, von denen Angriffe auf Personal etc. weit mehr zu gewärtigen sind, deren Einsperrung aber gar nicht als Strafe betrachtet wird.

Eine Untersuchung des praktischen Zweckes der

Strafe spricht also keineswegs für die Aufnahme der Todesstrafe als ein Glied des ordinären Strafensystems. Betreffs der gegenwärtigen Volksanschauung über diese Interessenkollision zwischen Gesellschaft und Individuum wird die Frage, wie hoch sie das Leben der Freiheit gegenüber veranschlägt, schon dadurch beantwortet, dass die grosse Mehrzahl derjenigen Verbrechen, welche früher die Todesstrafe nach sich gezogen haben würden, jetzt tatsächlich allenfalls mit lebenslänglichem Zuchthaus belegt werden. Indessen macht sich ohne Zweifel noch immer die Anschauung in weiten Kreisen bemerkbar, dass gewisse Ausnahmefälle der Kriminalität den Tod als Antwort von seiten der Gesellschaft nicht nur erlauben sondern fordern; es liegt, allgemein gesprochen, der gesellschaftlichen Anschauung fern die Todesstrafe etwa gleich der Verstummelungsstrafe zu verpönen. Diese Auffassung, welche sich um die oben erörterten praktischen Gesichtspunkte wenig kümmert, ist doch kaum so eingewurzelt, dass der Gesetzgeber vonnöten hätte sich darnach zu richten. Freilich soll das Gesetz nicht *vor* seiner Zeit sein, eben so wenig wie *nach;* das eine wäre kaum weniger gefährlich als das andere. Das Gesetz, in dem Masse wie es sich der Vollkommenheit nähert, soll das Gewissen seiner eigenen Zeit sein. Gerade deshalb aber darf der Gesetzgeber nicht zögern, gewissermassen die Fuhrung der Zeitanschauung zu übernehmen, wenn die Entwicklungslinie, wie hier, als klarliegend anzusehen ist. Die humanisierende Beeinflussung der gesellschaftlichen Anschauung ist im allgemeinen wichtig, da sie das Volk über das Wesen des Verbrechens und der Strafe aufklart, und kann besonders in bewegten Zeiten grosse Bedeutung erlangen. Ware z. B. im Jahre 1789, bei dem Ausbruche der französischen Revolution, die Todesstrafe schon längst abgeschafft, aus dem Rechtsbewusstsein als gesetzliches Strafmittel vertilgt worden, so hätte die Revolution nicht ganz leicht jene Wendung zur legalisierten, gegen ihre Humanitätsideen seltsam abstechenden Schreckensherrschaft genommen. Die Geschichte wiederholt sich und es könnte sein, dass die Nachwelt einen neuen Anlass zu dieser Erwägung bekäme.

Für die sogenannten Affliktivstrafen ist, wie oben gesagt, das Charakteristische, dass sie ein ausgeprägtes Element von körperlichem Schmerze oder Unbehagen enthalten. Als Affliktivmittel treten in den geltenden Gesetzgebungen in der modernen Diskussion hauptsächlich teils einige auf die Freiheitstrafe als Folie anzubringende Mittel hervor (Dunkelzelle, harte Lagerstätte, Kostschmälerung, Wasser- und Brot-Strafe usw.) teils die Prügelstrafe. Diese Mittel können entweder die ganze Strafe ausmachen (indem, bei dem erstgenannten Typus, die Freiheitsentziehung sich nur über die für die Applikation des Affliktivmittels nötige Zeit erstreckt, etwaige Pausen zwischen wiederholten Affliktionen eingerechnet), oder aber zusammen mit einer anderen Strafe verwendet werden (indem sie z. B. eine gewöhnliche, längere oder kürzere Freiheitstrafe einleiten oder mit Geldstrafe vereinigt werden). In dem einen wie dem anderen Falle liesse sich auch eine Kumulation mehrerer Affliktivmittel denken (z. B. Dunkelzelle nebst hartem Nachtlager; diese beiden Mittel zusammen mit Prügel).

Auf zweierlei Weise könnte die Affliktivstrafe für das Strafensystem Bedeutung erlangen. Entweder könnte sie mehr *im allgemeinen* (ohne Rücksicht auf die Art des

Verbrechens und den Charakter des Verbrechers) an die Stelle anderer Strafen treten, vor allem — wegen ihrer so zu sagen konzentrierteren Abschreckungsfähigkeit und der daraus folgenden Zeit- und Kostenersparnis — der kürzeren Freiheitstrafe (auch als Ersatzstrafe). Oder aber könnte das Afflikivmittel in *besonderen* Fällen, hinsichtlich der Art des Verbrechens und des Charakters des Verbrechers, verwendet werden um das Abschrekkungsmoment einer anderen Strafe zu schärfen, dies vielleicht auch betreffs der langdauernden Freiheitstrafen.

Der erste dieser Gesichtspunkte könnte vor allem geltend gemacht werden um den oben erörterten Übelständen der ganz kurzen Freiheitstrafe zu entgehen. Die Frage lässt sich hier so darstellen, dass der Gesetzgeber, da die gewöhnliche direkte Freiheitstrafe auf Tage, Wochen oder allenfalls auf einen oder zwei Monate wegen Nutzlosigkeit und Schädlichkeit zu verwerfen ist, als Ersatzmittel zwischen Geldstrafe (in erster Hand) und kurzzeitigen Afflikivstrafen zu wählen hat. Dass die Prügelstrafe nicht in diesen Zusammenhang gehört, leuchtet ein. Es handelt sich also hier um solche Mittel wie hartes Nachtlager, Dunkelzelle, Wasser und Brot etc. Indessen ist schon früher bemerkt worden, dass sich das Rechtsbewusstsein nicht so leicht darin finden wird, dass diese Strafmittel bei *allen* Arten von Verbrechen zur Verwendung kommen, ohne Rücksicht auf die Beschaffenheit des Verbrechens und des Verbrechers, wenigstens wenn das affliktive Element einigermassen kräftig sein soll. Ist es hinwiederum nicht ernsterer Art, so wird die Abschreckung nicht stark genug um ihrem Zweck zu entsprechen. Die genannte Alternative ist deshalb in der Weise zu lösen, dass die Geldstrafe als allgemeines Strafmittel bei den geringeren Graden der Kriminalität bis zu dem Punkte hinauf, wo eine (wirklich) bessernde Freiheitstrafe eintreten kann, den Vorzug hat vor der Afflikitvstrafe. Eine andere Frage ist, ob nicht derartige Afflikitvmittel als Ersatzstrafen verwendbar seien. In der Tat würden sie hier gewisse Vorteile darbieten, sofern die Ersatzstrafe immer nur gegen die Böswilligkeit als Grund der Nichtzahlung der Geldstrafe gerichtet wäre und diese Böswilligkeit immer deutlich zu Tage getreten und von einigermassen konstantem Grade wäre; ihre konzentrierte Natur würde mit sich bringen, dass die Ersatzstrafe nach Wochen statt sonst nach Monaten zu bemessen wäre. Da aber jene Böswilligkeit in sehr verschiedenen Graden vorkommen und mehr oder weniger erwiesen sein kann, und da auch die Beschaffenheit des ursprünglichen Verbrechens zu berücksichtigen ist, so ist zu befürchten, dass sich die Afflikitvstrafe als Ersatzstrafe zu wenig geschmeidig zeigen wird. Sie würde, wenn durch Zeitverkürzung oder sonst gemildert, bald zu schwach, wenn durch Verlängerung oder sonst geschärft, bald dem Rechtsbewusstsein zu stark, zu wenig human vorkommen. Es tritt der weitere Einwand hinzu, dass sich die Afflikitvstrafe, bei einer bedeutenden Anzahl der vielen einschlägigen Verbrecher, infolge ihrer geringen körperlichen Widerstandskraft unverwendbar zeigen würde, weshalb also für diese jedenfalls eine andere hinlänglich wirksame Ersatzstrafe zu erfinden wäre. Gegenwärtig muss man deshalb, wie oben geschehen, bei dem Ergebnisse stehen bleiben, dass eine etwas längere Freiheitstrafe des gewöhnlichen Typus vorzuziehen ist. Dennoch lässt sich der Gedanke nicht ganz abweisen, dass vielleicht die Zukunft, behufs Zeit- und Kostenersparnis, den Versuch machen werde, als allgemeine Ersatzstrafe *alternativ* entweder eine kürzere mehr afflikti̇ve oder, wo dies hygienische Bedenken erweckt, eine längere weniger afflikti̇ve Freiheitstrafe zu verwenden. Natürlich lässt es sich sehr wohl denken, die Ersatzstrafe (ohne Verkürzung) zum Unterschied von der längeren, direkt auferlegten Freiheitstrafe allgemein mit gewissen *schwächeren* Affliktivelementen auszustatten. Es gibt ja keinen Grund, warum die beiden in allen Einzelheiten gleich geartet sein sollten.

Es erübrigt die Frage der Anwendung der Affliktivmittel bei besonderen Verbrechenstypen und Verbrechercharakteren. Hier tritt auch die Prügelstrafe in die Diskussion ein. Der Gedanke ist in unseren Tagen oft hervorgetreten — bekanntlich auch im positiven Rechte — bei gewissen eine besonders starke Abschrekkung erheischenden Verbrechen diese entweder, in geringeren Fällen, durch eins oder mehrere der erstgenannten Mittel, oder aber, in schwereren Fällen, durch Prügel zu erhöhen. Meistens ist dieser Gedanke so ausgeführt worden, dass die Schärfung gegen ausgeprägt *brutale* Verbrecher einzutreten habe (wenn »besondere Rohheit oder Bosheit» an den Tag gelegt sei usw.). Insofern ein solches Verfahren aus Präventionsgründen sollte verteidigt werden können, müsste die Voraussetzung entweder die sein, dass die *gewöhnliche* Strafe die Brutalen *weniger* als die Nichtbrutalen abschrecke, oder dass die *Affliktivmittel* die Brutalen *mehr* als die übrigen abschrecken. Weder die eine noch die andere Voraussetzung trifft zu. Die brutalen Verbrechen unterscheiden sich kaum, allgemein gesprochen, von den übrigen Verbrechen durch höhere Rückfallsziffern (nach der Behandlung mit gewohnlichen Strafen); unter diesem Gesichtspunkte wäre vor allem für die Diebstahlsverbrechen eine besonders abschreckende Anfangsstrafe aufzusuchen. Wenn sich die bisherige Geldstrafe und Ersatzstrafe freilich ziemlich unwirksam gegenüber brutalen Verbrechern gezeigt haben, so ist genau dasselbe von ihrer Wirkung auf alle anderen ernsteren Verbrecher zu sagen. Was die zweite denkbare Voraussetzung betrifft, so ist es unleugbar, dass ein kräftiges Affliktivmittel die Abschrekkungsfähigkeit erhöht, unverständlich aber, warum es *mehr* abschreckend als sonst gerade auf die Brutalen wirken sollte, wenn auch bis zur Prügelstrafe gesteigert. In der Tat wäre es sonderbar, wenn gerade die Männer der brutalen Gewalt, gewohnt Hiebe auszuteilen und auch zu empfangen, und mit dicker Haut im buchstäblichen sowohl wie figürlichen Sinne ausgestattet, *mehr* als andere für die Prügel empfindlich sein sollten, nur weil sie als Strafe verhängt waren. Eher lässt sich wohl das Gegenteil behaupten; — je brutaler ein Charakter ist, desto grössere Wahrscheinlichkeit — Ausnahmen zugestanden — dass er sich *nicht* von der Prügelstrafe wird beugen lassen, welche dagegen auf hinterlistige aber furchtsame Naturen äusserst abschreckend wirken wird. Also, während es keinen Grund gibt, warum die gewöhnliche Strafe wirksamer wäre gegen die eine als gegen die andere Art von Verbrechern, werden die Affliktivstrafen, darunter vor allem die Prügelstrafe, voraussichtlich in erster Linie diejenigen Verbrecher beeinflussen, gegen die man sich am wenigsten entschliessen würde sie zu verwenden; das System die von List und Tücke gekennzeichneten Verbrechen von der *par préférence* abschreckenden Strafe auszuschliessen, bedeutet also ein unbefugtes Privilegieren der List gegenüber der Gewalt. Indessen findet jedermann leicht, wie untunlich es für den Gesetzgeber unserer Zeit ist, Prügelstrafe für Fälschung, Konkursbetrug, Unterschlagung und andere Verbrechen festzusetzen, wo die verbrecherische Handlung freilich kein Moment von Gewalt oder Zwang gegen einen anderen enthält, wo aber die Intensität des Verbrecherwillens und überhaupt die Sozialgefährlichkeit nicht geringer zu sein braucht als bei Raub, Notzucht oder grober Korperverletzung. Aus alledem ist zu schliessen, dass die etwaige Verwendung des modernen Rechtes schwererer oder gelinderer Affliktivmittel als Schärfung bei Brutalitat weniger von dem zielbewussten und folgerichtigen Streben herrührt die Abschreckungsfähigkeit der Strafe zu schärfen, wo dies vonnöten, als vielmehr von einem instinktiven Talionsstreben: Auge um Auge, Zahn um Zahn.

Was die Prügelstrafe besonders betrifft, so kommt *gegen* diese, ausser den genannten negativen Gründen, auch das positive Bedenken hinzu, dass sie für den »Menschenwert» nach der heutigen Anschauung in so hohem Grade erniedrigend und den Gleichheitstendenzen der modernen Gesellschaft so wenig entsprechend ist, dass *sehr* starke Zweckmässigkeitsgründe vonnöten wären um sie befürworten zu können. Die Prügelstrafe würde, wenn man sie nicht auf eine so geringe Anzahl von Ausnahmefällen beschränken wollte, dass sie fast nichts zu bedeuten hätte, schwerlich dem Anschein eine *Klassen*strafe zu sein entgehen konnen. Für eine uber den Proletarierkreisen stehende Person wäre sie so gut wie eine moralische Hinrichtung und würde aus Billigkeitsrucksichten kaum in Frage kommen. Auf die Dauer würde sich demnach das Rechtsbewusstsein dadurch verletzt fühlen, dass das Verbrechen des berauschten Proletariers mit Prügel belegt würde, während der Verbrecher höherer Klassen eine andere Strafe bekäme. Die Kluft würde keineswegs durch die Kumulation mit der Freiheitstrafe vermindert werden; in dem einen Falle würde es *Freiheitstrafe mit Prügeln*, in dem anderen Falle *Freiheitstrafe ohne Prügel* heissen.

Es dürfte daher anzuraten sein besonders die Prügelstrafe, gegenwärtig aber überhaupt alle Affliktivstrafen von dem Strafensystem fernzuhalten; doch mit der Reservation, dass die Ersatzstrafe vielleicht ohne Nachteil, in Anbetracht ihrer relativen Kürze, *durchgehend* von der direkten Freiheitstrafe durch einen etwas mehr affliktiven Charakter (gelinderen Grades) würde unterschieden werden können.

Ist die Frage der Strafmittel entschieden, so entsteht die gesetzestechnische Frage, auf welche Weise der Gesetzgeber die Strafe mit dem Verbrechen verbinden soll; wie weit das Gesetz die Einzelheiten dieser Verknüpfung im voraus aufstellen (und sie nicht der richterlichen Strafbemessung überlassen) soll. Was die typische Kriminalität betrifft, so fällt diese Frage der Hauptsache nach mit derjenigen zusammen, welchen Umfang der Gesetzgeber den besonderen Verbrechenstatbeständen geben soll. Wollte er z. B. in eine einzige Strafbestimmung alle und jede vorsätzliche Verletzung der körperlichen Integrität zusammenfassen (also von der geringsten vorsätzlichen Körperverletzung bis zum Mord), so würde sich die Strafe von dem Mindestbetrag der Geldstrafe bis zum lebenslänglichen Zuchthaus (oder Todesstrafe, wenn solche in das Strafensystem eingeht) ausdehnen. Ein solches Verfahren wäre indessen ebenso unrichtig wie, durch Aufstellung einer Menge von Qualifikationen usw. (welche dennoch niemals vollständig werden können), die Strafrahmen bis zum äussersten einzuschränken zu suchen und die Hände des Richters zu binden. Es ist weder ein Vorzug eines Strafgesetzes sich mit den weitestmöglichen noch sich mit den engstmöglichen Tatbeständen zu bewegen; viel, aber nicht *zu* viel, soll der richterlichen Strafzumessung überlassen bleiben. Wenn die älteren Gesetze wegen übertriebener Einschränkung oft zu rügen sind, so fehlen nicht in den letzten Gesetzgebungen Beispiele einer übertriebenen Erweiterung der Tatbestände (und mithin der Strafrahmen).

Betreffs der technischen Methode die aufgestellten Tatbestände mit den Strafrahmen zu verknupfen muss man auf der Straflinie als einem Ganzen — von der geringsten Geldstrafe bis zur lebenslänglichen Freiheitstrafe — gewisse als Mindest- und Höchstmasse zu verwendende Knotenpunkte festsetzen. Indem die Rahmen entweder von den einander zunächstliegenden oder von mehr fernliegenden Knotenpunkten gebildet werden, ist ihr Umfang nach der geringeren oder grösseren Spannweite der verschiedenen Tatbestände leicht zu modifizieren. (Das geltende schwedische Strafgesetz hat fur die Geldstrafe neun, für die Gefängnisstrafe vier, für das zeitbestimmte Zuchthaus acht solche Punkte; dazu noch lebenslängliches Zuchthaus und Todesstrafe). Von den besonderen Regeln abgesehen, die wegen einer etwaigen Progressivität der proportionalen Geldstrafe vielleicht vonnöten wären, liesse sich, auf das oben entwickelte Strafensystem gegründet, fur die ganze Straflinie etwa folgende Punkte aufstellen:

1.) Geldstrafe von *einer* Tageseinnahme (allgemeines Mindestmass der Geldstrafe);
2.) » » 10 Tageseinnahmen;
3.) » » 30 »

4.) Geldstrafe von 100 Tageseinnahmen (allgemeines Höchstmass der Geldstrafe);
5.) 6 Monate Zellstrafe (allgemeines Mindestmass der Zellstrafe;
6.) 1 Jahr » ;
7.) 2 Jahre » ;
8.) 3 » » ; (allgemeines Höchstmass der Zellstrafe);
9.) 6 » Progressivstrafe (allgemeines Mindestmass der Progressivstrafe; = 5 Jahre unmittelbarer Strafe + 1 Jahr eventueller Nachstrafe);
10.) 8 » » ;
11.) 10 » » ;
12.) 15 » » ;
13.) 20 » » ; (allgemeines Höchstmass der zeitbestimmten Progressivstrafe);
14.) lebenslängliche Freiheitstrafe.

Die Punkte 4 und 5 können nicht füglich zu einem Rahmen verbunden werden, weil dieser nur zwei Strafquanta einschliessen würde (entweder 100 Tageseinnahmen Geldstrafe oder 6 Monate Zellstrafe); aus ähnlichem Grunde dürfen die Punkte 8 und 9 nicht zu einem Rahmen verbunden werden. Im übrigen dürften die verschiedenen Verbindungen zwischen den genannten oder ähnlich bestimmten Punkten hinreichend viele Strafrahmen ergeben um den Tatbeständen zu entsprechen, sofern diese nicht allzu eng gemacht werden.

Betreffs der Änderung der Rahmen wegen Zusammentreffens der Verbrechen dürfte — zum Unterschied von einigen der neusten Gesetzgebungen — auch künftig zwischen dem Zusammentreffen der durch eine und dieselbe Handlung begangenen Verbrechen (z. B. Notzucht, die zugleich Blutschande ist) einerseits und der durch verschiedene Handlungen begangenen Verbrechen (z. B. Notzucht gegen eine Person und Blutschande mit einer anderen) andererseits zu unterscheiden sein. In jenem Falle ist die Strafe ohne Änderung der Rahmen zu bemessen (innerhalb des höchsten Höchstmasses und des höchsten Mindestmasses der einschlägigen Rahmen). In diesem Falle dürfte, je nach dem gegenseitigen Verhältnisse der zusammentreffenden Verbrechen hinsichtlich des Strafbarkeitsgrades, entweder das genannte Prinzip anzuwenden sein oder aber eine Erhöhung des höchsten der beiden Höchstmasse zu dem nächsthöheren Knotenpunkte vorzunehmen sein, — ein Unterschied, welcher besondere Bestimmungen erheischen würde. Kumulation dagegen, bei einer und derselben Verurteilung, der hier erörterten Strafmittel sollte nur zur Verwendung kommen, insoweit die Geldstrafe, dem Obigen gemäss, samt der Freiheitstrafe zu verhängen ist.

Bei schwereren Verbrechen eines soeben nach dreijähriger Zellstrafe Entlassenen, könnte in Frage gestellt werden, ob nicht die Freiheitstrafe unmittelbar als Gemeinschaftsstrafe zu vollstrecken sei. Indessen scheint eine Gemeinschaftsstrafe auf kürzere Zeit als zwei Jahre jedenfalls nicht stattfinden zu dürfen, was auch zu befolgen ist bei der Bestrafung von Verbrechen, nach der Auferlegung aber vor der endgültigen Verbussung einer Zellstrafe begangen. Durch eine derartige Strafenaddition wird sich die Zellstrafe freilich uber die dreijährige Grenze hinaus erstrecken konnen.

Sofern das Ruckfallsinstitut verallgemeinert wird (unbeschadet etwaiger besonderer Regeln für gewisse

Verbrechen, z. B. Diebstahl), würde die Rückfallschärfung vielleicht in zwei Graden angeordnet werden können, von denen jeder das Höchstmass um einen Punkt erhöht (die Frage des Mindestmasses lassen wir hier dahingestellt). Die Belastung der Antezedentien, welche die Schärfung vom ersten bzw. zweiten Grade bewirken soll, ist sowohl der Anzahl wie der Beschaffenheit der vorher verbüssten Strafen nach zu bestimmen. Jene Belastung wird also mit einer geringeren Anzahl schwererer sowie mit einer grösseren Anzahl geringerer vorausgegangener Strafen gegeben sein. Über einen gewissen Punkt hinaus muss indessen die Rückfallsbelastung das Verbrechen ausserhalb der »typischen Kriminalität« zu der spezifisch »chronischen Kriminalität« hinüberführen, über die weiter unten zu vergleichen ist.

II. Custodia honesta.

Verbrechen, die sich auf missverstandenen — oder unter eigenartigen Umständen sogar auf berechtigten — Altruismus gründen, können nicht wie gewöhnliche Verbrechen auf eine tadelhafte, noch weniger auf eine ehrlose Gesinnung zurückgeführt werden (da die Gesinnung nicht tadelhaft zu sein braucht, weil vielleicht die Ansichten es sind). Dies hindert freilich nicht, dass sie, wie oben (S. 4 ff.) ausgeführt, ganz ebenso gesellschaftsgefährlich sein können wie nur ein anderes Verbrechen, und dass sich also der Staat veranlasst finden kann sie zu strafen, und strenge zu strafen. Doch handelt er ohne Zweifel klug, wenn er, um »moralische Beirrung« zu vermeiden, scharf und für jedermann klar zwischen der Strafe — falls diese höher ist als Geldstrafe — für die eine und der Strafe für die andere Verbrechensart unterscheidet. Dass z. B., während bewegterer Zeiten, politische Verbrecher, deren Kriminalität sich darin erschöpft, dass sie ihre Überzeugung ausgesprochen haben und ihr gefolgt sind, mit Betrügern, Fälschern usw. des gewöhnlichen Typus zusammen eingesteckt werden, muss in der Volksanschauung die Bedeutung der Strafe für diese letztgenannten Verbrechen verrücken, oft Verbrechen eines ganz ordinären Typus in den Augen des Verbrechers und anderer unter politischer Flagge segeln machen und gleichzeitig nach vielen Seiten hin das Vertrauen auf die Unparteilichkeit der Staatsgewalt und auf die Rechtsordnung überhaupt unterwühlen, ohne dass diese Übelstände im geringsten Grade von irgend einem nicht ebenso gut auf anderem Wege zu erzielenden Vorteil aufgewogen wären. Für die Gesellschaft selbst ist es weit besser, dass solche Verbrecher freilich energisch unschädlich gemacht werden, aber unter deutlichem Einräumen, dass sie den Beweggründen und der Gesinnung nach gar nichts gemeinsam mit gewöhnlichen Verbrechern haben.

Diese Erwägung führt dahin eine Freiheitstrafe zu erheischen, welche sich von der gewöhnlichen je mehr desto besser unterscheidet, in allem ausser der Zeitdauer. Jedenfalls sollte sie sich, gleichwie diese, bis zur lebenslänglichen Freiheitsentziehung erstrecken; am angemessensten wird auch ihr Mindestmass mit demjenigen der gewöhnlichen Freiheitstrafe zusammenfallen. Solche Gründe gegen eine derartige *custodia honesta* wie der, dass auch die gewöhnliche Freiheitstrafe nach der Absicht des Gesetzgebers gar nicht entehrend wirken solle, oder gar, dass erst das Aufstellen einer besonderen *custodia honesta* die gewöhnliche Freiheitstrafe ernstlich entehrend mache, oder dass der bezweckte Unterschied besser durch die Ausstattung besonderer konkreter Verbrechen mit irgend einem entehrenden Kennzeichen (Verlust der bürgerlichen Ehrenrechte usw.) zu erzielen sei, verdienen wenig Beachtung. Es handelt sich nicht darum, wie der Gesetzgeber die Strafe wünscht, sondern was sie tatsächlich *ist,* und es lässt sich nicht leugnen, dass die gewöhnliche Freiheitstrafe in den Augen der Gesellschaft mehr oder weniger entehrt. Wie schon bemerkt, hat sich der Gesetzgeber nicht *ab omni parte* hierüber zu beklagen, denn was er hierdurch an Individualprävention verliert (durch die grössere Schwierigkeit den Verbrecher in der Gesellschaft zu rehabilitieren), gewinnt er vielleicht oft an Generalprävention wieder (die grössere Furcht der Rechtsgenossen vor der Strafe). Wie es auch sei, die gewöhnliche Freiheitstrafe wirkt tatsächlich entehrend, und es sollte dem Gesetzgeber daran gelegen sein — soweit es in seiner Gewalt steht — diese Wirkung wenigstens auf die auch in moralischer Beziehung verwerflichen Verbrechen zu beschränken. Eine derartige Begrenzung erheischt indessen durchgreifende Mittel und kann nicht in nennenswertem Grade durch die Anknüpfung besonderer Rechtsverluste an besondere Fälle gewonnen werden, um so weniger als man aus individualpräventiven Rücksichten äusserst vorsichtig mit diesen über die Hauptstrafe hinaus wirkenden Nebenstrafen sein muss.

Die Prinzipien einer *custodia honesta* sind demgemäss: *dass* sie in keinen anderen Fällen zur Verwendung kommen darf als in denen, wo das Verbrechen ganz frei auch von den geringeren Graden einer entehrenden Gesinnung ist, wo aber dies der Fall ist, immer zur Verwendung kommen muss, sofern nicht die Strafe auf Geldstrafe beschränkt werden kann; *dass* sie so vollstreckt wird, dass sie sich auch in den Augen der grossen Menge, und ja nicht allein auf dem Papiere, von der gewöhnlichen Freiheitstrafe recht deutlich unterscheidet; und *dass* sie betreffs ihrer unschädlichmachenden Wirkung ebenso weit geht wie die gewöhnliche Freiheitstrafe, also nicht nur bis zu demselben zeitbegrenzten Höchstmasse, sondern auch auf Lebenszeit verhängt werden kann.

Was das Anwendungsgebiet der *custodia honesta* anbelangt, hinsichtlich der besonderen Verbrechenstatbestände, so ist in letzter Zeit, nach dem Vorbild des norwegischen Gesetzes, die Auffassung in der modernen Diskussion geltend gemacht worden, dass diese Strafform immer, wo als Rechtswirkung die Freiheitstrafe vorkommt, zur Wahl des Richters zu belassen sei, weil es sich bei jedem Verbrechen denken lasse, dass die Gesinnung nicht in irgend einem Grade ehrlos sei. Dieser Schlussfolgerung dürfte nicht beizustimmen sein. Wohl ist es wahr, dass man sich solche Fälle bei allen oder den allermeisten Verbrechen denken *kann*. Wenn aber etwa ein Diebstahl mit Einbruch unter solchen Ausnahmeverhältnissen begangen ist, dass die Gesinnung in keinem Grade ehrlos ist, so muss unbedingt auch die durch dieses Verbrechen zu Tage getretene Sozialgefährlichkeit des Verbrechers auch gering sein — weit geringer als die beim Einbruchsdiebstahl durchschnittliche. Ganz anders das politische Verbrechen; die Gesinnung mag wie ehrenhaft auch immer sein, die Sozialgefährlichkeit kann doch maximal sein und eine entsprechende Reaktion seitens des Staates erfordern. Ein Bedurfnis langdauernder Einsperrung in besonderer Anstalt usw. lasst sich darum betreffs dieses ehrenhaften Einbrechers nie denken; das Strafquantum selbst muss hier herabgesetzt werden und wo dies, wegen des Strafrahmens, nicht direkt durch den Richter geschehen kann, muss es durch Begnadigung geschehen. Da sich die Geldstrafe so weit hinauf auf die Straflinie erstreckt, wie in dem oben entwickelten Strafensystem, so ist Geldstrafe die richtige Strafe für diese (sehr seltenen) Verbrechen — wenn nicht etwa eine solche Interessenkollision vorliegen würde, dass *volle* Begnadigung angezeigt ist. Die *custodia honesta* sollte deshalb nicht bei anderen Verbrechen vorkommen als bei solchen, wo der Grad der Sozialgefährlichkeit der Gesinnung von ihrer Ehrenhaftigkeit oder Unehrenhaftigkeit unabhängig ist, d. h. Verbrechen der Art, dass sie mit ganz ehrenhafter und dennoch ausgeprägt sozialgefährlicher Gesinnung begangen werden können. Da indessen auch die Verbrechen, welche der Regel nach keine unehrenhafte Gesinnung bezeugen, dennoch ausnahmsweise aus einer solchen entstehen, etwa aus Gewinnsucht begangen werden können, darf die *custodia honesta* nie als alleinige Strafart aufgestellt werden, sondern alternativ mit der gewöhnlichen Freiheitstrafe; hier kann nicht, wie in dem umgekehrten Falle, die Begnadigung berichtigend eingreifen.

Was die Vollstreckung der *custodia honesta* betrifft, zum Unterschiede von der gewöhnlichen Freiheitstrafe, so ist es eine unerlässliche Forderung, dass diese verschiedenen Strafen nicht in derselben Anstalt verbüsst werden, sondern schon in äusserer Hinsicht scharf auseinander gehalten werden. Aus ähnlichem Grunde sollte auch der *Name* (Haft, Arrest etc.) so deutlich wie möglich den Unterschied anzeigen. Die Regel, dass die gewöhnliche Freiheitstrafe bis zum Ablauf einer gewissen Zeit in Zelle zu verbüssen ist, scheint hier nicht zu verwenden zu sein, wenn auch in besonderen Fällen die Möglichkeit politischer Verschwörungen ein Bedenken gegen das Zusammenbringen mehrerer solcher Gefangener erwecken kann. Die Regeln, bei der gewöhnlichen Freiheitstrafe, für die bedingte Entlassung und was damit zusammenhängt, passen für die *custodia honesta* nicht. Bei der Strafzumessung, betreffs langdauernder Strafen, muss demgemäss Rücksicht auf die hier zu erwartende Effektivität der ganzen erkannten Strafzeit genommen werden.

III. Akute Kriminalität.

Wie der ausgeprägt akute Verbrecher oben geschildert wurde, sprechen gute Grunde dafür ihm die Strafe zu ersparen, wo sich keinerlei allgemeinpräventive Rücksichten in den Weg stellen. Dieser Verbrecher, dessen *Person* (nicht seine *Handlung*) kaum eine eigentliche Sozialgefahr ausmacht, ist oft schon im voraus von dem Bewusstsein zerknirscht ein *Verbrechen* begangen zu haben; späterhin kommt das Bewusstsein hinzu eine *bestrafte* Person zu sein. Vor allem wenn es eine Freiheitstrafe gilt, wird er der Erfahrung nicht entgehen — es sei denn dass er dem allerniedrigsten Proletariat angehört — wie die Strafe ihm in den Augen der Gesellschaft einen fast unverwischbaren Flecken aufdrückt. Die Menschen insgemein denken unbarmherzig abstrakt; wenn jemand einmal der Klasse derer, die hinter Schloss und Riegel gewesen sind, angehört, weder kann noch will die grosse Menge sonderlichen Unterschied zwischen den einzelnen Fällen machen. Dieses Verhältnis ist im ganzen freilich nicht so sehr zu bedauern, denn, wenn dem nicht so wäre, würde, wie schon hervorgehoben ist, der gegenwärtigen Strafe gar zu viel ihrer abschreckenden Wirkung abgehen. *Dieser* Verbrecher aber wird von einem solchen Urteil hart betroffen, und es kann nicht

Wunder nehmen, wenn er, je nach seiner Charakterbeschaffenheit, entweder jede Spannkraft verliert und ein gebrochener Mann wird, oder aber seine Reumütigkeit in Verbitterung gegen die seines Erachtens ungerechte Gesellschaft umschlägt. Auf diesen beiden Wegen kann ihn die Strafe der wirklichen Kriminalität näher treiben anstatt ihn, wie sich gebührte, davon zu entfernen; das zweischneidige Schwert der Strafe kann auf diese Weise am schärfsten die Gesellschaft selbst treffen.

Dass es indessen auch bei dieser akuten Kriminalität nicht angängig ist, wie seinerzeit wohl vorgeschlagen wurde, die Strafe einfach fallen zu lassen, glatt freizusprechen, leuchtet ein (sofern man sich nicht auf seltene, unmittelbar an wirkliche Schuldfreiheit grenzende Ausnahmefälle beschränken wollte, womit wenig gewonnen wäre). Eine solche Nachgiebigkeit seitens des Staates könnte nicht umhin, das bei diesem Verbrecher wirklich vorhandene Rechtsgefühl abzustumpfen. Die heilsame Reue, die Abscheu, die er vielleicht bis dahin vor seiner Tat empfunden hat, würde meistens schnell verfliegen; auf den Richterspruch trotzend, würde er in seiner Tat gar nichts Übles sehen wollen, und bei der nächsten Versuchung würde seine Widerstandskraft entschieden geringer sein als das erste Mal. Solcherweise würde er in vielen Fällen, ebenso sicher auf diesem Weg wie auf dem entgegengesetzten, der wirklichen Kriminalität zugeführt werden. Und doch ist die Hauptsache nicht dieses individualpräventive Bedenken; die Wirkung einer derartigen Leichtfertigkeit wäre noch gefährlicher für die Allgemeinprävention, hinsichtlich der Rechtsgenossen insgemein. Bei allen würde nämlich das Gefühl entstehen und sich im Lauf der Zeiten einwurzeln, dass »ein Mal kein Mal ist»; am Ende würde sich ein jeder einen Freibrief schreiben *ein* Mal ein Verbrechen zu begehen, allenfalls »Versuchungen» vorschützend. Die Grenze zwischen Verbrechen und Nichtverbrechen, Strafbarem und Nichtstrafbarem, wurde hierdurch in dem Bewusstsein der Menschen ausgewischt oder abgeschwächt werden können, und das Band der Strafbestimmungen, welches so wesentlich die Gesellschaft in ihren Fugen zusammenhält, sich lösen oder erschlaffen. So gross ist diese Gefahr, dass man nicht ohne Grund hat sagen können, dass es für die Gesellschaft weniger darauf ankommt, *wie* gestraft wird als, *dass* gestraft wird. In allen gewöhnlichen Fällen ist es deshalb, damit nicht das letzte Übel grösser werde als das erste, notwendig dafür Sorge zu tragen, dass die in der Strafe auszusprechende energische Missbilligung seitens der Gesellschaft nicht in Wegfall komme oder zu sehr entkräftigt werde.

Das Mittel, welches das moderne Recht verwenden gelernt hat um zugleich den Verbrecher möglichst zu schonen und die Anforderungen der Allgemeinprävention, wie sich gebührt, zu beachten, ist die sogenannte *bedingte Verurteilung,* welche sich während der letzten Jahrzehnte in einer oder anderen Form mit beispielloser Schnelligkeit den Weg zu der Gesetzgebung der meisten christlichen — und einiger nichtchristlichen — Kulturländer gebahnt hat. Der Ursprung dieser Reformbewegung ist in England zu suchen. Hier entwickelte sich schon in älteren Zeiten, aus der Befugnis des Richters unter gewissen Voraussetzungen, nachdem das Schwurgericht sein »schuldig» gesprochen, die Verkündung des Urteils *aufzuschieben,* die Sitte, dass der Richter, falls er die Vollstreckung des Urteils entschieden unzweckmässig fand, das Urteil hinausschob mit der unausgesprochenen Absicht es *nie* zu verkündigen. Bald traten auch Fälle ein, wo der Richter dem Schuldiggesprochenen erklärte, dass er das Urteil nie verkündigen werde, *sofern* dieser künftig — oder während eines *bestimmten* Zeitraums ein gutes Betragen beobachte. Dies geschah auch bei den schwersten Verbrechen, nämlich als einer der Auswege die in früheren Zeiten für diese Verbrechen obligate Todesstrafe zu umgehen. Gegen die Mitte des 19. Jahrhunderts macht sich in England ein praktisches Bedürfnis bemerkbar das Institut in weit grösserem Umfang als bisher zu verwerten, indem sich nämlich die Mängel der inzwischen zu immer grösserer Verwendung gekommenen Freiheitstrafe zu enthüllen begannen. Der Aufschub des Urteils wurde dann in der Hand einiger Richter ein Mittel verhältnismässig unverdorbene Verbrecher vor der verderblichen Einwirkung des Gefängnisses zu retten. Anfangs dürfte sich diese Anwendung des Institutes hauptsächlich auf *junge* Verbrecher beschränkt haben, wenigstens aber schon 1860 kommt es auch betreffs der älteren vor, und wird nach dieser Zeit überhaupt immer öfter verwendet. Vom Ende der achtziger Jahre an wird es auch in der Gesetzgebung des kontinentalen Europas angetroffen, gemeinhin so abgeändert, dass nicht das Urteil, sondern nur die *Strafe* ausgesetzt wird (sei es, dass der diesbezügliche Beschluss vom Gericht oder von einer administrativen Behörde gefasst wird).

Sofern der Verbrecher dem ausgeprägt akuten Typus angehört (oder sich diesem doch in beträchtlichem Grade nähert), und das Verbrechen objektiv nicht allzu schwer ist, lässt sich behaupten, dass durch dieses Mittel, richtig verwendet, nicht nur die Übelstände, sowohl der Strafe als auch der glatten Freisprechung, vermieden werden können, sondern auch ein positiver Vorteil gewonnen wird. Als Verbrecher vor das Gericht gestellt werden und das Strafurteil verkündigen hören, ist gewiss in dem Leben eines *solchen* Menschen eine wirkliche Katastrophe; er empfindet gewiss ein ganz deutliches Gefühl der Majestät des Rechtes und des Staates, welche sich missbilligend in seinen Weg stellen und seine Handlung verdammen. Das Niederbeugende aber, welches auch in diesem Verfahren liegen könnte, wird gemildert, und gleichzeitig die wirklich abschreckende und die bessernde Seite der. Strafe höchst wesentlich gekräftigt durch das zunächst Folgende. Indem man nämlich teils an das bessere Ich des Verbrechers appelliert, an sein Ehrgefühl (welches durch das ihm gezeigte Vertrauen erweckt wird), teils ihm in Aussicht stellt durch Bekämpfung seiner Leidenschaften einen greifbaren Erfolg, nämlich den völligen Wegfall der Strafe, erreichen zu können, hat man ihm einen doppelten Sporn gegeben, ebenso wirksam zur Besserung, wie der Keulenschlag, womit man ihn, durch die Einsperrung, für die Lebenszeit zeichnet, einer wirklichen Besserung hinderlich ist. Das in der bedingten Verurteilung Wirksame ist nicht so sehr die Androhung — obwohl das während der Probezeit über dem Haupt des Verbrechers schwebende Schwert weit kräftiger empfunden werden muss als die Drohung aus der Ferne, welche für jeden Bürger in dem blossen Wissen von dem Dasein des Strafgesetzes enthalten ist. Das eigentlich Wirksame ist vielmehr das anstachelnde, stählende Element, welches *gibt* anstatt zu *nehmen*, welches eine schwache Natur elastisch macht anstatt sie zu zerbrechen. Während, bei Vollstreckung der Strafe, all sein Bemühen, alle seine Reue das Geschehene nicht ungeschehen machen, den Flecken nicht auswischen kann, wird ihm jetzt ein Ziel gesteckt, dessen Erreichen ihm möglich erscheinen muss, Beharrlichkeit vorausgesetzt. Man darf wohl des Einwands gewärtig sein, dass, wenn die *Strafe* eine befleckende und sogar verhängnisvolle Wirkung haben kann, das *Urteil* für sich allein eine ähnliche wenn auch schwächere Wirkung haben muss. Tatsächlich aber bildet sich auf diesem Gebiet eine scharfe Grenze zwischen dem nur Verurteilten und dem Bestraften. Vor allem für den Verbrecher selbst steht es, allenfalls durch eine leicht zu begreifende psychologische Illusion, als etwas ganz anderes da, zu einer ev. nicht zu vollstreckenden Strafe verurteilt als wirklich gestraft zu werden; und auch für den Dritten wird es sich, in dem Masse wie der Grund des Instituts das Volksbewusstsein durchdrungen hat, in ähnlicher Weise darstellen.

Bei den objektiv schwereren Verbrechen ist die bedingte Verurteilung indessen nicht zu empfehlen. Das Rechtsbewusstsein des Volkes würde ohne Zweifel verletzt werden, wenn wiederholt von zwei objektiv gleichen Verbrechen das eine strenge bestraft, das andere tatsächlich straffrei gelassen würde. Ein weiser Gesetzgeber wird deswegen die bedingte Verurteilung auf solche Verbrechen beschränken, die sich auch in objektiver Hinsicht unterhalb einer gewissen Grenze halten, welche freilich nach Zeit und Ort etwas variieren mag. Was dagegen die objektiv geringeren Verbrechen betrifft, so lässt sich nicht behaupten, dass das Rechtsbewusstsein unerlässlich ein unverhältnismässig schweres Leiden erheischt — ein solches wie die Strafe es oft durch ihre Nachwirkungen für diesen Verbrecher wird — als Vergeltung eines geringen Übels. In dem Masse wie sich das Rechtsbewusstsein zur Klarheit durchringt, wird es sich weniger dadurch verletzt fühlen, dass einem geringen Verbrechen die Strafe nicht unbedingt nachfolgt, als vielmehr dadurch, dass ein Mensch, von jedenfalls nicht schlechtem Charakter, auf eine seine Gesinnung nur zu leicht verschlechternde Weise gestraft wird; eine Strafe, die ihn vielleicht trifft, weil ihn seine Reue zum Geständnis trieb, während der Verhärtete straffrei bleibt. Mag sein, dass sich das Rechtsbewusstsein — bestimmt, wie es ist, durch den Vergeltungsinstinkt — am meisten zufrieden fühlen wurde, wenn es möglich wäre dem akuten geringeren Verbrechen ein Übel folgen zu lassen, das weder direkt noch indirekt zu schwer und auch nicht fur den Charakter des Bestraften schädlich wäre. Aber besonders wo die Geldstrafe für das objektive Gewicht des Verbrechens nicht ausreichend ist, oder wo sich nicht volle Gewissheit vorfindet, dass Ersatzstrafe nicht eintreten wird, ist die Schwierigkeit eben eine solche Strafe zu finden — sofern man nicht sagen will, dass gerade die bedingte Verurteilung eine solche ist.

Da die bedingte Verurteilung jedenfalls innerhalb desjenigen Gebiets der Geldstrafe gestattet werden muss, wo (wegen fehlender Arbeitsfähigkeit usw.) Umwandlung in Aussicht steht, scheint die Konsequenz zu erfordern, dass sie bei der *Geldstrafe* überhaupt gestattet wird, und nicht etwa prinzipiell auf die Freiheitstrafe beschränkt bleibe. Betreffs der *Probezeit*, dürfte eine wirkliche Fürsorge (nicht mit polizeilicher Aufsicht zu verwechseln) nötig sein um den vollen Nutzen aus der bedingten Verurteilung zu gewinnen. Natürlich muss diese Fürsorge je nach der Beschaffenheit des Falles mehr oder weniger eingehend sein. Unter Umständen wird es angemessen sein den Verbrecher in eine andere Umgebung zu versetzen um ihn den Versuchungen zu entziehen, welche ihn voraussichtlich früher oder später zum ernstlichen Verbrecher machen würden. Eine derartige Massregel liesse sich als Voraussetzung für bedingte Verurteilung etwa betreffs der Weiber aufstellen, welche, wie es oft geschieht, durch die Unzucht zum Diebstahl gebracht worden sind. Am angemessensten dürfte es sein (u. a. um dem die Fürsorge und Aufsicht ausübenden Organ die genügende Autorität zu sichern), dass die *Verwirkung* der Straffreiheit nicht ausschliesslich an die Begehung eines Verbrechens bzw. eines Verbrechens von gewisser Strafbarkeit geknüpft wird, sondern auf dem richterlichen Ermessen beruht. Fehlende Bereitwilligkeit den Schaden zu ersetzen wird solchenfalls auch auf dieser Stufe in Betracht kommen können (und nicht allein bei der Urteilsfällung).

IV. Chronische Kriminalität.

Wenn die jetzt erörterte ausgeprägt akute Kriminalität das eine Extrem in Betreff der persönlichen Sozialgefährlichkeit des Verbrechers ausmacht, so bildet die ausgeprägt *chronische* Kriminalität das entgegengesetzte Extrem. Die durch keinerlei Strafen zu beseitigenden sozialgefährlichen Tendenzen dieser chronischen Verbrecher sind, wie schon bemerkt, sehr oft mit *Abnormität* höheren oder geringeren Grades vereint, besonders wenn diese Beschaffenheit angeboren ist. Grossenteils — vielleicht grösstenteils — fällt deshalb diese Frage innerhalb des Rahmens der weiter unten behandelten Abnormenkriminalität. Indessen gilt dies nicht ausnahmslos; auch kommt es nicht so selten vor, dass sich die abnorme Beschaffenheit erst im späteren Leben bestimmt nachweisen lässt, während sich die Kriminalität weit früher nur allzu greifbar betätigt hat. Man darf daher die chronische Kriminalität — auch wenn der Ausdruck, wie hier, im extremen Sinne verwendet wird — nicht mit einem nackten Hinweis auf die Abnormenkriminalität abfertigen. Andererseits ist es jedenfalls sehr wünschenswert, dass für diese Fälle, auch wenn es normale oder vorläufig als normal anzusehende Individuen gilt, besondere Bestimmungen existieren, welche es ermöglichen, dieser ernsten Gesellschaftsgefahr auf effektivere Weise zu begegnen als es mit den »typischen» Strafmitteln geschehen kann.

So aufgefasst, begrenzt sich die Frage ohne Schwierigkeit nach zwei Seiten hin. Es erhellt, dass wenn der chronische Verbrecher ein Verbrechen begangen hat, für das auf lebenslängliche Freiheitstrafe erkannt werden kann, keine besonderen Regeln vonnöten sind. Zeigt er sich gegen Erwartung in der Strafanstalt besserungsfähig, so wird er unter denselben Bedingungen wie andere auf Lebenszeit Verurteilte begnadigt; zeigt er sich unverbesserlich, so bleibt er sitzen. Falls er nicht als abnorm anzusehen ist, so gibt es ja keinen Grund ihn einer anderen Behandlung als andere auf Lebenszeit Verurteilte zu unterwerfen und ihn etwa in einer besonderen Anstalt zu internieren. Ganz besonders verwerflich wäre es, ihm für *dasselbe* Verbrechen eine *mildere* Behandlung zu teil werden zu lassen als anderen Verbrechern, nur weil er seinen Antezedentien gemäss als unverbesserlich erachtet werden muss.

Ferner ist es einleuchtend — oder sollte es einleuchtend sein —, dass eine speziell gegen die chronische Kriminalität gerichtete Massregel wirklich durchgreifender Natur — eine andere *spezielle* Massregel hätte keinen Sinn — unmöglich getroffen werden! darf infolge jedes noch so geringen Verbrechens oder einer Übertretung. Wenn jemand, mag er vorher noch so oft wegen noch so schwerer Verbrechen bestraft worden sein, sich eines geringen Polizeivergehens, einer Besitzentziehung, einer kurzen Gebrauchsanmassung, der Teilnahme an einer unbedeutenden Rauferei, einer geringen Beleidigung gewöhnlichsten Schlages usw. schuldig macht, so würde es sicher das Rechtsgefühl empören, aus diesem Anlass mit lebenslänglicher oder doch vieljähriger Internierung zu reagieren. Mag auch seine Sozialgefährlichkeit auf anderem Wege genügend erhärtet sein; ist dies an und für sich kein genügender Grund um seine frühere Strafe zu verlängern oder ihn *ohne weiteres* zu internieren, so kann dem Staate auch keine solche Befugnis zuerkannt werden, nur weil er sich einer geringen, von fast jedem Bürger zu gewärtigenden Übertretung schuldig gemacht hat. Alle Proportion zwischen Tatbestand und Rechtswirkung darf nicht aufgegeben werden (anders, wenn es sich um einen bedingt Entlassenen gehandelt hätte, wo die vorhergehenden Verbrechen den eigentlichen Tatbestand ausmachen).

Die Voraussetzungen für eine besondere Massregel müssen also sein, *dass* die Antezedentien des Verbrechers dazu veranlassen, ihn als ausgeprägt chronisch aufzufassen, d. h. als eine Person, die sich voraussichtlich nicht bessern wird; und *dass* er jetzt wieder ein Verbrechen begangen hat, welches ohne in gewöhnlicher Ordnung mit lebenslänglicher Freiheitstrafe belegt werden zu können, nicht als gering anzusehen ist. Betreffs der Antezedentien mag bemerkt werden, dass, nach dem übereinstimmenden Ergebnis der Kriminalstatistik verschiedener Länder, mit jedem Rezidiv die Wahrscheinlichkeit eines neuen Rezidivs grösser wird; m. a. W. der Rezidivistenprozentsatz unter den Verbrechern überhaupt ist geringer als der Prozentsatz, unter diesen Rezidivisten, der aufs neue Rezidivierenden; dieser Prozentsatz ist wiederum geringer als der Prozentsatz, unter den zweitmaligen Rezidivisten, derjenigen, die ein drittes Mal rezidivieren u. s. f. Indessen ist, bei der Entscheidung, ob genügende Belastung, nach der Summierung der Antezedentien und des jetzt begangenen Verbrechens, vorliegt, demselben Grundsatze zu folgen, der oben für den gewohnlichen Rückfall aufgestellt wurde. Eine geringere Anzahl schwererer Verbrechen muss eine grössere Anzahl geringerer Verbrechen aufwiegen. Ferner ist betreffs der Internierung chronischer Verbrecher hinzuzufügen: Eine langdauernde Behandlung in der *Erziehungs*anstalt wiegt schwer bei der Entscheidung, ob eine Person, die *nachher* Verbrechen begeht, als besserungsfähig oder unverbesserlich anzusehen sei. Wenn z. B. derjenige, welcher *vor kurzem* eine derartige langdauernde Erziehung durchgemacht hat, ein schweres Verbrechen begeht, das sonst eine vieljährige Freiheitstrafe nach sich ziehen würde, so scheint dies ein genügender Grund zu sein, ihn auch ohne weitere Belastung als chronisch zu behandeln. Dasselbe ist aus ähnlichen Gründen von einer *vor kurzem* verbüssten langdauernden Progressivstrafe zu sagen. Bei dem Anwachsen des Zeitraums zwischen dem Endpunkte der früheren Behandlung und der Begehung des Verbrechens muss die Rechtswirkung zur gewohnlichen Rückfallswirkung gedämpft werden; und schliesslich muss, wenn die Zeitentfernung so gross wird (etwa zehn Jahre), dass auch der Rückfall seinen Einfluss verlieren soll, die Rechtswirkung dieselbe werden (d. h. nach demselben Strafsatz bemessen werden) wie für einen gar nicht vorbestraften Verbrecher. Eine Mehrzahl von Strafen für mittelschwere Verbrechen, oder einige solche nebst einer langen Reihe von Strafen für geringe Verbrechen sollte auch genügender Grund sein um Unverbesserlichkeit anzunehmen; doch so, dass das jetzt vorliegende Verbrechen, welches die Internierung veranlasst, nicht ausgeprägt gering sein darf. Eine wenn noch so grosse Anzahl ausschliesslich geringer Verbrechen darf nicht Internierung veranlassen; hier muss man mit den gewöhnlichen Rückfallsbestimmungen auskommen.

Die Voraussetzungen der in Rede stehenden Massregel haben also grossenteils (aber nicht gänzlich; vgl. z. B. das soeben betreffs der Anstaltserziehung Gesagte) den Charakter eines besonders bösartigen Rückfalls. Die *Massregel* selbst muss sich vor allem darin von der gewöhnlichen Strafe unterscheiden, dass bei jener ein ausgeprägtes Element der Unbestimmtheit Platz greift. Eine Freiheitsentziehung auf ganz unbestimmte Zeit ist indessen zu verwerfen. Jedenfalls muss ein *Mindestmass* festgesetzt werden, beiläufig die Zeit derjenigen Strafe ausmachend, welche nach allgemeinen Rückfallsregeln den Verbrecher wegen des vorliegenden Verbrechens betroffen hätte, wenn er überhaupt in gewöhnlicher Weise hätte gestraft werden sollen. Sonst würde er, falls er wegen eines unerwartet guten Betragens vor dieser Zeit entlassen würde, gegenüber weniger oft vorbestraften und daher in gewöhnlicher Weise bestraften Verbrecher privilegiert werden, was nicht sein darf (wenn es sich wie hier um als normal anzusehende Verbrecher handelt). Ob ein *Höchstmass* angesetzt wird oder nicht, spielt vielleicht, wenn die Belastung des Vorlebens nicht der schwersten Art ist, keine allzu grosse Rolle, wenn nur das Höchstmass nicht zu niedrig angesetzt wird (schwerlich unter 15 Jahren — übrigens würde sich natürlich auch dies nach der

Beschaffenheit des vorliegenden Verbrechens richten müssen) und wenn, vor allen Dingen, jede Entlassung aus der Internierungsanstalt probeweise geschieht, d. h. in jedem Augenblicke widerrufen werden kann. Gleichwie jeder nach längerer Freiheitstrafe entlassene Verbrecher während der der Strafe unmittelbar folgenden Zeit nicht nur unter Fürsorge und Aufsicht sondern auch unter Strafdrohung stehen sollte, so muss noch mehr der einmal für chronisch erklärte Verbrecher, wenn er entlassen worden ist, während seiner künftigen Lebenszeit oder jedenfalls während langer Zeit der Androhung einer erneuten Internierung unterworfen sein: der entlassene chronische Verbrecher befindet sich also in permanenter Probezeit. — Besonders die Rücksicht auf das allgemeine Rechtsgefühl, welches leicht an der so eingreifenden Rechtsfolge eines vielleicht relativ geringen Verbrechens Anstoss nehmen wird, scheint dafür zu sprechen, dass die chronischen Verbrecher in einer besonderen Anstalt interniert werden und daselbst einer so gelinden Behandlung teilhaft werden, wie mit der Sicherheit vereinbar ist; selbstverständlich doch ohne dass man es ganz aufgibt die Sozialgefährlichkeit, wo es angängig scheint, durch abschreckende Mittel zu beseitigen zu suchen.

V. Kriminalität der Jugendlichen.

Fur die Ausscheidung der Behandlung jugendlicher Verbrecher aus dem typischen Strafverfahren sprechen mehrere Gründe. Wenn auch jede ernstere Strafe (von der Todesstrafe abgesehen) ein erziehendes Element enthalten soll, auf die Besserung des Bestraften abzielend, so zeigt doch die Erfahrung, dass die Aussicht eine durchgreifende Änderung des menschlichen Charakters zustande zu bringen, wiewohl sie nie völlig aufhört, sich mit zunehmendem Alter höchst wesentlich vermindert. Bei jungen, unentwickelten Leuten ist sie indessen gross, und diese Erfahrung macht einen guten Grund aus, um den erzieherischen Gesichtspunkt die gesellschaftliche Reaktion gegen Verbrecher der genannten Altersstufe beherrschen zu lassen, so dass sich die Strafe, innerhalb gewisser Grenzen, gar in Erziehung umwandelt.

Zu dem genannten positiven Grunde, der grösseren und sichereren Wirkung einer erziehenden Behandlung in der ersten Jugend, kommt als ein negativer Grund hinzu, dass die betreffs älterer Verbrecher sich darbietenden Bedenken gegen ein Übergewicht der erzieherischen Seite, weit weniger von den Jugendlichen gelten. Eine erziehende Behandlung muss immer, um wirksam zu sein und dauerhaften Erfolg hervorzubringen, während längerer Zeit vor sich gehen; und besonders für Erwachsene würde sie der Regel nach nur in Verbindung mit einer durchgeführten Freiheitsentziehung bewerkstelligt werden können. Wegen *geringerer* Äusserungen der Sozialgefährlichkeit aber, wenn auch zum ausschliesslichen Zwecke der »Erziehung», mit langdauernder Freiheitsentziehung zu reagieren und demnach den Internierten von seiner Familie, seinem Dienste oder gewöhnlichem Berufe fernzuhalten, würde in den meisten Fällen, als ausser allem Verhältnis zu der geschehenen Rechtsverletzung stehend, — von den Kosten für den Staat ganz abgesehen — allzu sehr das Rechtsgefühl verletzen und allenfalls nur gewagt werden können, wenn ein besonderer Grund hinzukommt (etwa Alkoholismus, wovon später). Andererseits würde das Rechtsgefühl noch tiefer davon gekränkt werden, dass dem erwachsenen Verbrecher, bei *schwererer*

Kriminalität, mit einer rein erziehenden Behandlung begegnet würde: und auch die für eine derartige Erziehung als Folie nötige Freiheitsentziehung würde gar nicht als genügende Strafe aufgefasst werden. Das reine Erziehungsprinzip zeigt sich also, bei älteren Verbrechern, zu tief einschneidend, wenn es geringe, zu gelinde, wenn es schwerere Kriminalität gilt. In beiden Hinsichten ist der jugendliche Verbrecher ganz anders gestellt. Gegen diesen gerichtet, wird die Erziehungsmassregel nicht als ein gewaltsamer und störender Eingriff in sein Leben aufgefasst, sondern als eine Wohltat gegen ihn selbst, um so mehr eine soziale Pflicht, als vielleicht gewisse soziale Verhältnisse, ohne seine eigene Schuld, es mit sich gebracht haben, dass er bisher ein Spiel des Zufalls gewesen ist; deshalb wird das Rechtsgefühl gar nicht davon verletzt, dass auch bei sehr *geringen* Verbrechen — ja, sogar ohne dass ein Verbrechen vorliegt — eine solche Massregel eintritt. Umgekehrt wird, aus dem in der Volksanschauung waltenden Vergeltungsgesichtspunkte — auch wenn es sich um *höhere* Grade der Kriminalität handelt — die »Schuld» des jugendlichen Verbrechers, wegen seiner geringen Entfernung von dem »unzurechnungsfähigen» Kindheitsalter, nicht als schwerer angesehen, als dass sie mit einer längeren Erziehungsinternierung gesühnt werden kann, es sei denn, dass es sich um *sehr schwere* Verbrechen handelt. Wenn etwa für verbrecherische Handlungen, von noch nicht 15-jährigen begangen, keine Strafe eintritt, erscheint es der allgemeinen Rechtsanschauung natürlich, dass auf einer Zwischenstufe, etwa im Alter von 15—18 Jahren, eine Behandlung eintritt, die jedenfalls der Regel nach nur wenig der gewöhnlichen Strafe ähnelt.

Die erziehende Behandlung ist also sowohl weit

wirksamer als auch weit leichter durchzuführen bei den jugendlichen Verbrechern als bei anderen. Die Beachtung der Bedeutung der Jugendkriminalität für die Kriminalität im ganzen gibt einen neuen Grund ab um gerade bei diesen jungen Verbrechern die Individualprävention mehr als sonst in den Vordergrund treten zu lassen und mit aller Energie das in dieser Beziehung wirksamste Mittel zu verwenden. Die Jugendkriminalität (15—18 Jahre) macht nicht nur einen nicht so geringen Prozentsatz der Kriminalität überhaupt aus (besonders unter industrialisierten Verhältnissen), sondern die Erfahrung lehrt auch, dass, wenn sich auch nicht die Mehrzahl der minderjährigen Verbrecher später zu schweren chronischen Verbrechern entwickeln, so haben doch umgekehrt die ausgeprägtesten chronischen Verbrecher meist schon in der frühen Jugend, durch Verbrechen oder Unarten, ihre Sozialgefährlichkeit unzweideutig dargetan. Die nach einem tadelfreien Jugendleben erst in späteren Jahren hervorgetretene Kriminalität ist verhältnismässig selten ausgeprägt chronischer Natur. So weit es gelänge, durch Erziehung die unter den Jugendlichen befindlichen Verbrecheranlagen wegzuarbeiten, sei es durch das Beugen einer verbrecherischen Energie oder das Kräftigen eines schwachen Willens, hätte man also zu einem guten Teile die Quelle der chronischen Kriminalität für die nächste Zukunft zugestopft. Um die für den Kampf gegen die Kriminalität so wichtige Aufgabe der Beschränkung des Rezidivismus zu lösen, ist deshalb eins der allerwichtigsten Mittel, nach der Regel *principiis obsta*, die Jugendkriminalität auszurotten zu suchen, womit weit mehr gewonnen werden kann als mit langdauernden Strafen und Internierungen in reiferen Jahren. Auch wenn andere Rücksichten (nämlich solche auf Volksanschauung und Allgemeinprävention) mehr als es der Fall ist dem Erziehungsprinzip (betreffs der Jugendlichen) entgegenstünden, würde dieses dennoch für die Gesellschaft das Vorteilhafteste sein. Was den Kostenpunkt betrifft, lässt sich in Wahrheit sagen, dass der für wohlberechnete Massregeln gegen die Jugendkriminalität ausgelegte Betrag von der Gesellschaft durch verminderte Ausgaben wegen der späteren Kriminalitat der Erwachsenen mit Zinsen zurückgewonnen wird.

Indessen leuchtet ein, dass sich das genannte Prinzip nicht in der mechanischen Weise ausführen liesse, dass jeder Verbrecher unter einem gewissen Alter, etwa 18 Jahren, ohne Rücksicht weder auf die Beschaffenheit des Verbrechens noch auf andere Umstände, in eine Erziehungsanstalt hineingesteckt wurde. Einerseits kann genügender Grund fur eine derartige Internierung vorliegen, wenn das Verbrechen noch so gering ist und sogar ohne dass ein Verbrechen begangen worden ist. Die Unart, welche sich noch nicht nachweislich in Verbrechen geäussert hat und der Mangel an Fursorge, welcher bisher weder Unart noch Verbrechen herbeigeführt hat, wird nur allzu oft in hohem Grade das Eingreifen der Gesellschaft nötig machen. Andererseits darf aber nicht jede unbedeutende Beleidigung oder jede Teilnahme an einer Rauferei der Gesellschaft ein genügender Grund sein um die Rolle des Erziehers auf sich zu nehmen. Sofern das begangene Verbrechen an und für sich nicht unmittelbar eine tiefergehende Sozialgefährlichkeit des Jugendlichen bekundet, kann deshalb keine Entscheidung vor einer gründlichen Untersuchung getroffen werden. Diese muss sich zunächst auf die *eigene Person* des Delinquenten richten. Es ist zu eruieren, ob er etwa von früher Kindheit an psychische Abnormitat oder schlechte Anlage gezeigt hat; wie er sich zu Hause gegen Eltern usw. aufgeführt hat; ob er die Schule ordentlich besucht hat, oder widrigenfalls ob die Schuld seine eigene ist oder die des Familienoberhaupts; ob er etwa in der Schule ein Sonderling gewesen ist; ob er daselbst zu den Fleissigen oder den Faulen gehört hat; ob er eine Anstellung gehabt hat und solchenfalls welcher Art; ob er in seiner Arbeit ordentlich oder unordentlich gewesen ist, lange an derselben Stelle geblieben ist oder etwa stets den Platz gewechselt hat, und letztgenannten Falls, aus welchem Grunde; ob er sich während der Freizeit viel ausserhalb des Elternhauses aufgehalten hat; welchen Umgang er während der Schulzeit und nachher gepflegt hat. Die Untersuchung muss sich aber auch in eingehender Weise mit seinem *Elternhause* beschäftigen: ob die Eltern leben und ihre Pflichten gegen die Familie ordentlich erfüllen; ob einer von ihnen geisteskrank, Alkoholist usw. ist oder gewesen ist; ob sie bei der Erziehung der Kinder übertriebene Strenge oder Nachgiebigkeit gezeigt haben; ob die Geschwister Spuren erblicher Belastung haben merken lassen; ob sie arbeitsam und in ihrem Leben ordentlich sind oder eins von ihnen Verbrechen begangen hat, Vagabund, Prostituierte usw. ist oder gewesen ist und, bejahenden Falls, ob dies mit irgend einem Umstande im Elternhaus oder in der Umgebung in Verbindung zu bringen ist. So bald Kriminalität ernsterer Art vorliegt und psychische Abnormität vermutet wird, ist eine eingehende ärztliche Untersuchung um so notwendiger, als gerade die chronische Kriminalität, welche, wie gesagt, meistens früh hervortritt, sehr oft mit einer gewissen Abnormität zusammenfällt, sei es in die Richtung der Geisteskrankheit oder des Idiotismus. Übrigens setzt natürlich eine zuverlässige Antwort auf die genannten Fragen voraus, dass verschiedene Personen ausser den nächsten Angehörigen des Delinquenten gehört werden: Geistlicher, Arzt, Lehrer, Arbeitsgeber, Hauswirt, Nachbarn, Kameraden usw. Schon jetzt ergibt es sich für uns, dass die Untersuchung, wie sie sich meistens gestalten muss, nicht füglich innerhalb der Funktion eines gewöhnlichen Gerichts fallen kann und überhaupt nicht anders in befriedigender Weise ausgeführt werden wird als durch ein besonderes Organ, eigens für diesen Zweck geschaffen, innerhalb eines nicht zu grossen Bezirks fungierend und aus Personen bestehend, die moglichst selten gewechselt werden, damit ihre lokale Erfahrung und Personenkenntnis die grösstmögliche werde.

Der Zweck der Untersuchung ist natürlich zunächst zwischen den ganz unbedeutenden Fällen, die weder unter dem einen noch dem anderen Gesichtspunkte ein ernsteres Eingreifen seitens der Gesellschaft veranlassen können, und den Fällen, wo ein solches Eingreifen geboten ist, zu unterscheiden. Ferner ist die Untersuchung aber auch nötig um innerhalb der letztgenannten Fälle zwischen denen,. wo die Gefahr nur in der Umgebung liegt, und denen, wo sie teilweise oder ausschliesslich in der Person des Delinquenten selbst liegt, zu unterscheiden: die gesellschaftliche Reaktion wird je nach diesem Unterschied wesentlich verschieden ausfallen müssen.

Zeigt die Untersuchung, dass uberhaupt keine nennenswerte Sozialgefährlichkeit vorliegt, d. h. dass der Delinquent in einer normalen Umgebung lebt *und* selbst in ethischer Beziehung normal veranlagt ist — dass also kein Anlass zu einer eingreifenden Erziehungsmassregel vorliegt —, so kann die Jugend des Delinquenten ein

Grund sein um die Handlung *milder zu bestrafen* als bei einem erwachsenen Delinquenten. Sofern der Jugendliche *selbst einen Arbeitslohn bezieht*, ist genanntenfalls die Geldstrafe ebenso anwendbar wie bei Erwachsenen. Sind die Voraussetzungen der bedingten Verurteilung erfüllt, wie in dem betreffenden Falle gemeinhin anzunehmen ist, so gibt es keinen genügenden Grund gegen deren Verwendung *wenigstens* in demselben Umfange wie bei Erwachsenen. Falls im übrigen die Beschaffenheit des Verbrechens nur Geldstrafe erfordert, ist also eine bedingte Verurteilung auf Geldstrafe angezeigt. Ist die Geldstrafe als unbedingt auferlegt oder, nach bedingter Verurteilung, die Strafaussetzung weggefallen — sind also Strafgelder zu zahlen — so kann Böswilligkeit bei der Zahlung, bzw. in Verbindung mit den Ursachen der Verwirkung der bedingten Straffreiheit, ein Anzeichen davon sein, dass die Diagnose unrichtig gestellt worden ist (bzw. jetzt nicht mehr gültig ist) und dass der Verurteilte einer eingehenden Behandlung bedürftig ist. Doch kann, z. B. bei einer unbedeutenden polizeilichen Übertretung, die Böswilligkeit an sich (mag das Urteil bedingt oder unbedingt gewesen sein) nicht immer mit einer so kräftigen Reaktion beantwortet werden. Es sollte daher immer dem Gericht der Ausweg belassen werden, bei fehlender Zahlung entweder, sofern die Unterlassung auf ein Erziehungsbedürfnis schliessen lässt, an die Stelle der Geldstrafe eine Erziehungsmassnahme zu setzen, oder aber, wo dies nicht der Fall ist, als Ersatzstrafe eine solche kürzere Freiheitstrafe zu verwenden, wie sie oben beim entsprechenden Falle des erwachsenen zu Geldstrafe Verurteilten empfohlen ist. Um so lange wie möglich den Jugendlichen von der Strafanstalt fernzuhalten, scheint für diese Fälle eine solche Anordnung wünschenswert, dass die Ersatzstrafe in (der Zelle) einer Erziehungsanstalt verbüsst werden kann. Das vorher über Abschlagszahlung und Abarbeiten Gesagte behält auch hier seine Gültigkeit. Zu bemerken ist, dass die Bedenken gegen das Zusammenbringen mehrerer zu Geldstrafe Verurteilten zu gemeinschaftlichem Abarbeiten noch viel grösser wird als gewöhnlich, wenn es sich um das Zusammenbringen Jugendlicher mit Erwachsenen handelt.

Hat der jugendliche Delinquent — normale Verhältnisse immer vorausgesetzt — *keinen eigenen Arbeitslohn* oder kein eigenes Vermögen, so ist die Geldstrafe insofern sinnlos, als teils die Geldstrafe ihn selbst voraussichtlich nicht in fühlbarer Weise treffen wird, teils das Ausbleiben der Zahlung keinen Schluss auf seine Sozialgefährlichkeit erlaubt. Seine Behandlung anders einzurichten, je nachdem eine andere Person die Geldstrafe für ihn erlegt oder nicht, liesse sich kaum verteidigen — allenfalls könnte die von Eltern, Vormund u. dgl. zu erlegende Geldstrafe die Bedeutung einer Pression auf diese Personen künftig bessere Aufsicht auszuüben erlangen; fehlt aber in dieser Hinsicht zu viel, so liegt ja, nach dem oben Gesagten, ein genügender Grund ernstlicher Erziehungsmassregeln seitens des Staates vor, und der Fall gehort also nicht hierher. Gemeinhin sollte deshalb für die obigen Fälle die Geldstrafe vermieden werden, und anstatt ihrer eine bedingte Verurteilung, nicht auf Geldstrafe sondern auf Erziehungsanstalt lautend, zu Verwendung kommen. Die Verkündung dieses bedingten Urteils wird gleichzeitig wie ein Verweis auf den fehlenden Jugendlichen wirken. Vielleicht wird, bei geringen Übertretungen, Verweis allein, ohne bedingte Verurteilung, zur Verwendung kommen können, da in diesen Fällen, auch bei einer einzelnen Wiederholung einer derartigen Übertretung, eine durchgreifende Erziehungsmassnahme wohl nicht immer notwendig oder angezeigt erscheinen wird.

Dass das Verbrechen der Art ist, dass es für einen erwachsenen Delinquenten unter gleichen Umständen Freiheitstrafe erfordert haben würde, braucht, dem Obigen gemäss, nicht unbedingt zu involvieren, dass auch für den Jugendlichen Geldstrafe ausgeschlossen sein soll. Denn das jugendliche Alter kann — besonders bei gewissen Verbrechensarten, wo die soziale Wertsetzung der Handlung mehr Reife verlangt — einen solchen mildernden Umstand ausmachen, dass hier mit Geldstrafe genügend reprimiert wird, was sonst Freiheitstrafe bedingt hätte. Auch in diesem Falle wäre also — sofern nicht andere Umstände die sofortige Erziehungsmassregel angezeigt erscheinen lassen — als Reaktion unbedingt oder bedingt auferlegte Geldstrafe zu verwenden; hier aber, bei bedingter Verurteilung, immer mit eventueller Umwandlung in Erziehungsinternierung (nicht: in kurzzeitige Freiheitstrafe). Wenn indessen das Verbrechen (ohne sehr schwer zu sein) so ernst ist, dass es auch nicht für den Jugendlichen bei Geldstrafe bleiben darf, so muss unter allen Umständen die Reaktion in einer Erziehungsmassregel, bedingt oder unbedingt, bestehen. Denn die gewöhnliche Zellstrafe darf hier, in Anbetracht sowohl der körperlichen wie auch der geistigen Einwirkung der Einsamkeit auf Menschen in den frühesten Jugendjahren, nur im äussersten Notfalle, d. h. bei ausgeprägt schweren Verbrechen vorkommen.

Bei solchen Fällen, die zwar eine besondere Erziehungsmassregel nicht entschieden fordern aber sich doch diesem Typus nähern, sollte ein *Mittelweg* zur Verwendung kommen, indem der Jugendliche unter bedingte Verurteilung (zu Erziehungsmassnahme) gestellt wird, mit Erlaubnis *unter Aufsicht* bei den Eltern zu bleiben bis zur etwaigen Verwirkung. M. a. W. nicht anstatt, sondern neben den Eltern wird eine besondere Aufsicht angeordnet. Besonders in Fällen, wo man über den Ernst und die Fähigkeit der Eltern nicht klar werden kann, wird dieser mittlere Weg vorzuziehen sein, da es nicht angemessen ist, dass der Minderjährige zur Unzeit seinem natürlichen Erzieher entzogen wird, und noch weniger, dass er sich, durch Schlaffheit oder Unfähigkeit seitens dieser, zum Verbrecher entwickeln darf. Offenbar wird, in solchen zweifelhaften Fällen, unter sonst gleichen Umständen, eine gewisse Schonung mehr angezeigt sein, wenn es sich um die Eltern handelt als sonst. Diese Milde muss indessen mit grosser Besonnenheit ausgeübt werden, denn ist die Umgebung einmal schlecht, so ist auch die sorgfältigste Aufsicht (und vollends die solchenfalls nur zeitraubende bedingte Verurteilung *ohne* Aufsicht) wenig wert.

In den Fällen, wo der genannte mittlere Weg nicht ratsam erscheint, sondern *durchgreifende Massnahmen* als unerlässlich befunden werden, ist damit noch nicht gesagt, dass die Erziehungs*anstalt* die richtige Reaktion ist. Vielmehr hat der Gesetzgeber zwei Mittel zur Auswahl: Überführung in eine andere *Familie* oder in die *Anstalt*. Weder das eine noch das andere darf innerhalb des ganzen betreffenden Gebiets ausschliesslich verwendet werden. Von einer Erziehungsanstalt gilt kaum weniger als von der Gemeinschaftsstrafe in einer Strafanstalt, dass die Gefahr einer gegenseitigen schädlichen Beeinflussung der Internaten schwer zu beseitigen ist. Andererseits ist gegen die Versetzung in eine andere Familie einzuwenden teils, in allgemeinpräventiver Hinsicht, dass diese Massregel fast jeder Spur eines Strafcharakters entbehrt, teils auch, dass der Versetzte jederlei üble Gewohnheit in seine neue Umgebung mitbringen und daselbst, besonders soweit er mit Jüngeren oder Gleichjährigen in Berührung kommt, eine demoralisierende Wirkung ausüben kann. Hieraus folgt, dass in gewissen Fällen, nämlich wenn es sich um mehr Unverdorbene handelt, Versetzung in eine andere Familie vorzuziehen ist, sonst aber Anstaltsbehandlung. Das Entscheidende darf hier also nicht in erster Linie die objektive Schwere des Verbrechens sein, freilich mit dem Vorbehalt, dass wenn das Verbrechen den schwereren zugehört, die Anstaltsinternierung, ohne Rücksicht auf den Charakter des Verbrechers, aus allgemeinpräventiven Gründen unerlässlich ist. Auch bei einem geringen Verbrechen aber kann die Untersuchung an die Hand geben, dass der Delinquent verdorben ist oder in verdorbener Umgebung lebt. Solchenfalls ist wenigstens die grösste Vorsicht zu beobachten, wenn er in eine andere Familie versetzt werden soll (nicht gern, wenn sich dort andere Minderjährige vorfinden!) und gemeinhin dürfte hier das Ratsamste sein Anstaltsbehandlung zu verwenden.

Wenn Versetzung in eine andere Familie stattfinden soll, ist es wohl an und für sich am angemessensten eine Familie an fremdem Ort zu wählen, wo es dem Minderjährigen unmöglich wird seine alten Bekanntschaften beizubehalten und es also leichter erscheint ihn von schlechten Gewohnheiten fernzuhalten. Indessen ist auch hier die praktisch-ökonomische Frage in Betracht zu ziehen, was für Arbeit der Minderjährige etwa schon verrichtet und inwiefern es tunlich ist ihm an dem neuen Aufenthaltsorte dieselbe Arbeit zu verschaffen oder ihn eine neue erlernen zu lassen; diese Erwägungen werden oft dazu führen ihn da zu belassen, wo er ist. Oft wird sich eine ihm verwandte ordentliche Familie finden, die willens ist ihn aufzunehmen: solchenfalls kann diese Anordnung ihre Vorzüge haben. Für die verwahrloste Jugend der Grossstädte ist eine Umsiedelung auf das Land hinaus natürlich bei weitem einem fortgesetzten städtischen Leben vorzuziehen, falls nämlich ihre Körper der Landarbeit fähig sein sollten und sich keine sonstigen praktischen Hindernisse in den Weg stellen.

Wenn die Behandlung in Familie, sei es von vornherein, in Anbetracht der Beschaffenheit des Verbrechens oder des Verbrechers, sei es wegen später eingetroffener Ereignisse, etwa eines Rückfalls, ungeeignet erscheint, so muss zur Anstaltsbehandlung gegriffen werden. Da nun betreffs der Jugendlichen dem Zellleben nach Möglichkeit auszuweichen und also die Gemeinschaftlichkeit nicht zu vermeiden ist, so ist es hier mehr als je nötig sie mit der grössten Sorgfalt in Gruppen aufzuteilen, damit die gegenseitige schädliche Beeinflussung möglichst gering werde. Von der selbstverständlichen Unterscheidung nach Geschlecht abgesehen, sind sie also nach verschiedenem Alter, verschiedenem Grad von Verderbnis, verschiedener Begabung einzuteilen. Die ausgeprägt Begabten dürfen nicht mit den schwach Begabten zusammen unterrichtet werden oder arbeiten, was beiden Teilen zum Schaden zu gereichen pflegt. Darum sollte die Erziehungsanstalt nicht gross sein — auch nicht in der Form mehrerer zu einem Ganzen verbundener Abteilungen. Mehrere an verschiedenen Orten gelegene kleine Anstalten sind vorzuziehen: wenn möglich auf dem Lande, auch wenn andere Arbeit als landwirtschaftliche vorkommt, wie es ja unerlässlich ist betreffs derjenigen Minderjährigen, die entweder zur Landwirtschaft körperlich unfähig sind oder so wenig Interesse dafür zeigen, dass sie voraussichtlich nach der Ausschreibung nicht bei der Landwirtschaft bleiben sondern sich nach der Stadt begeben werden. Solchenfalls ist es besser, dass sie einen Beruf ordentlich erlernen, der ihnen wenigstens *einige* Aussicht eröffnet, sich in den ihnen bevorstehenden Lebensverhältnissen ehrlich ernähren zu können.

Da indessen die der Erziehungsmassregel vorhergehende Untersuchung trotz aller Sorgfalt nicht immer die gesuchte Anleitung für die nähere Entscheidung abgeben kann, empfiehlt es sich für derartige schwebende, gewiss eine ziemliche Anzahl ausmachende Fälle, eine *Probeanstalt* einzurichten um die Individualität des Delinquenten näher zu erforschen und um zu entscheiden, zunächst ob Versetzung in fremde Familie oder Überführung in eine Anstalt vorzuziehen ist, und ferner, gegebenenfalls, in *welche* Anstalt der Delinquent, in Anbetracht des Grades sowohl seiner Begabung wie seiner Verderbtheit, zu führen ist. Dass in dieser Probeanstalt strengere Regeln einzuhalten sind die Isolierung der Internaten unter einander betreffend, leuchtet ein; doch dürfte es weder nötig noch nützlich sein sie von einander völlig abzusperren. Auch nachdem der Jugendliche in die für ihn ausersehene Anstalt hineingebracht worden ist, muss, sowohl wegen Überschreitens einer gewissen Altersgrenze, wie anlässlich eines etwaigen Irrtums bei der Probe, Überführung von einer Anstalt in eine andere statthaft sein.

Bei *sehr schweren* Verbrechen, z. B. Mord, von Jugendlichen begangen, kann, nicht etwa weil eine derartige Handlung den untrüglichen Beweis einer der Schwere des Verbrechens entsprechenden Verderbtheit liefern würde, sondern aus allgemeinpräventiven Rücksichten und in Anbetracht der Volksanschauung, Behandlung in einer Erziehungsanstalt nicht in Frage kommen. Hier muss eine der regelmässigen Strafe nicht all zu unähnliche Behandlung eintreten. Für diese Behandlung sind zwei Regeln festzuhalten. Zunächst muss der Höchstbetrag der Zellenzeit (sofern die Verwendung der Zelle unerlässlich erscheint) wesentlich niedriger sein als für den erwachsenen Verbrecher. Dann dürfen die Jugendlichen während der Gemeinschaftsstrafe (mag Zellstrafe vorhergegangen sein oder nicht), wenigstens bis zum Alter von 18 Jahren, mit den erwachsenen Verbrechern in keinerlei Weise zusammengebracht werden.

Was die *Feststellung* der Rechtsfolge betrifft, so scheint ein Unterschied zwischen Strafe und Erziehung in der Weise zu machen zu sein, dass die *Strafe*, wie gewöhnlich, auf bestimmte Zeit auferlegt, während die *Erziehungszeit* nur ihrem Mindestmass nach durch das Urteil festgesetzt wird — dies, von dem oben besprochenen Rechtssicherheitsprinzip abgesehen, schon aus allgemeinpräventiven Gründen, damit nämlich einerseits *der Unterschied* zwischen Erziehung und Strafe, andererseits *die Einsgeartetheit* der Strafe für Jugendliche und der Strafe für Erwachsene um so deutlicher für jedermann hervortrete. Es liegt in der Natur der Erziehung, dass ihr Endpunkt nicht für jeden Fall im voraus bestimmt werden kann, und die genannte Rücksicht auf die Rechtssicherheit, welche die sonst auch für die Strafe hieraus zu ziehende Konsequenz abwehrt, gilt für die Erziehung nicht. Hinwiederum fur die Festsetzung eines Mindestmasses sprechen sowohl allgemeinpraventive Gründe wie auch, besonders in Anbetracht der unumgänglichen Vielfältigkeit der Anstalten, die Notwendigkeit Missbräuchen und allzu grossen Ungleichmässigkeiten in der Ausführung vorzubeugen. Nachdem die Minderjährigkeitsgrenze (etwa 18 Jahre) erreicht ist, sollte auf keine Erziehungsmassnahme erkannt werden noch die Vollstreckung einer solchen begonnen werden; indessen sollte die Vollstreckung dem Urteil unmittelbar folgen ohne dessen Rechtskräftigkeit abzuwarten. Wenn indessen so nicht geschehen und die genannte Altersgrenze überschritten ist, so wird der Beschluss der Erziehungsmassnahme wegfallen und eine gewöhnliche Strafe eintreten müssen; praktische Gründe können vielleicht dafür sprechen, dass diese Strafe *in subsidium* schon im voraus festgesetzt wird. Diejenige Altersgrenze, bei der die Ausschreibung aus der Erziehungsanstalt am spätesten stattzufinden hat, dürfte nicht höher als bis zu 21 Jahren anzusetzen sein; für den als 17:jähriger Internierten würde also das Höchstmass der Internierung nur 3—4 Jahre ausmachen. Sollte der Internat während der Internierung eines vorher begangenen Verbrechens überführt werden, welches keine schwerere Rechtsfolge als Internierung herbeigeführt haben würde, so hat die Internierung ungestört fortzudauern; wird er aber eines Verbrechens der schweren Art, welche auch bei Minderjährigen mit wirklicher Strafe zu belegen ist, überführt, so muss die Internierung durch Strafe ersetzt werden, gleichwie natürlich Strafe eintreten muss, wenn das letztgenannte Verbrechen, als unverjährt, nach der Beendigung der Internierung zur Aburteilung kommt.

Dass die nachfolgende Fürsorge hier noch notwendiger ist als bei erwachsenen Verbrechern, leuchtet ein. Betreffs der Anwendung einer während einer gewissen Probezeit schwebenden Androhung, scheint eine Entlassung auf Probe aus der Erziehungsanstalt, vorbehältlich

Wiederaufnahme, falls die Probe nicht bestanden wird, bis zu vollen 21 Jahren durchaus angezeigt; nachher darf weder Verbleiben noch Aufnehmen vorkommen. Der wirklichen *Strafe* sollte *immer* — da es sich hier ja stets um schwere Verbrechen handelt — eine Probezeit mit Strafdrohung nachfolgen; da die Bedenken gegen die Einzelhaft mit zunehmendem Alter geringer werden, wird füglich eine einjährige Einzelhaft anzudrohen sein. Wenn etwa ein Fünfzehnjähriger einen Mord begangen hat und deswegen sechs Jahre Freiheitstrafe erhält, würde er demnach zuerst die fünf Jahre abbüssen (davon vielleicht einen Teil, etwa das erste halbe Jahr, in Zelle); dann, also bei 20 Jahren, auf Probe entlassen werden und während der Probezeit (etwa 3 Jahre) die Strafdrohung (= ein Jahr Einzelhaft) über sich schweben haben. Das oben von dem Nutzen einer »belohnenden» Entlassung, als disziplinierend und anspornend Gesagte hat gewiss auch auf jugendliche Verbrecher Anwendung, obgleich es natürlich desto weniger gilt, ein je stärkeres Moment der Erziehung die Strafe in sich aufnimmt und also voraussichtlich um so leichter zu überstehen sein und um so weniger niederbeugend wirken wird.

Die oben genannten Gründe, betreffs der Vollständigkeit der *Voruntersuchung*, welche für die Einführung eines besonderen, sämtliche Aufgaben in Ansehung der Antisozialität der Jugendlichen erfüllenden Organs sprechen, werden von dem jetzt über die *Rechtsfolge* Gesagten verstärkt. Bei der ausserordentlichen sich mit dem Industrialismus fortdauernd steigernden Bedeutung, welche der Kampf gegen die jugendliche Kriminalität in allen entwickelten Kulturstaaten erlangt hat, ist es sehr zu wünschen, dass Organe da sind, welche, jedes in seinem Bereich, einen vollständigen Überblick sowohl über die schwachen Punkte wie über die jeweiligen zu Gebote stehenden Mittel besitzen: Aufsicht im allgemeinen über die Erziehung und Überwachung von jederlei Vorkomnissen (Vergnügungen u. dgl.), welche dem erwachsenden Geschlecht erfahrungsgemäss oft zum Schaden gereichen; bei jeder unzweideutigen Äusserung von Entartung und bei Verbrechen von Jugendlichen begangen, genaue Untersuchung sowohl des Jugendlichen selbst wie seiner Umgebung; Aufsicht, gegebenen Falls, neben dem natürlichen Erzieher; nach bedingter Verurteilung, Aufsicht während der Probezeit; Ausfindigmachen von Familien, die willens und geeignet sind diejenigen Jugendlichen aufzunehmen, für welche eine derartige Massnahme angezeigt erscheint; Aufsicht über das Betragen des Jugendlichen in dieser neuen Familie; Zusammenwirkung, bezüglich der zum Bereich des Organs gehörenden Minderjährigen, mit Erziehungs- und Strafanstalten, besonders um dem zu Entlassenden geeignete Anstellung im voraus zu sichern; Aufsicht über den Entlassenen während der Probezeit. Ohne ernstliche aber stützende, nicht abstossende Aufsicht auf allen diesen Punkten ist das System wenig wert, und je sorgfältiger die Aufsicht, desto besser der zu erwartende Erfolg. Wenigstens in Städten und Industriezentren — auf dem Lande hat die Frage weitaus nicht dieselbe praktische Bedeutung — sollten die betreffenden Organe ausschliesslich diese Aufgabe haben: Fürsorge für verwahrloste, entsittete und verbrecherische Jugend. Für ein gewöhnliches Gericht mit seiner vielfältigen Beschäftigung passt diese Aufgabe nicht; auch nicht für ein Kriminalgericht, das sich jedenfalls mit allerlei Strafsachen beschäftigen müsste, und dessen Wirksamkeit nicht leicht ihren Schwerpunkt innerhalb des in Rede stehenden Gebiets haben würde. Dass dasselbe Organ, welches die Untersuchung und die Aufsicht in allen den genannten Fällen zu leiten hat, auch die Befugnis hat in schweren Fällen strenge Strafen aufzuerlegen, so lange sich der Verbrecher noch unter der Minderjährigkeitsgrenze befindet, sollte um so weniger Bedenken einflössen, als hierdurch die Autorität des Organs denen gegenüber, die es gilt, wesentlich gestärkt wird. Sämtliche Fäden dieser umfassenden sozialen Frage mussen in *einer* starken Hand gesammelt werden. wenn eine befriedigende Losung möglich sein soll.

VI. Abnormenkriminalität.

Die Frage nach Vorhandensein und Grad der Sozialgefährlichkeit hängt nicht in *bestimmter* Weise mit dem Gegensatze zwischen Normalem und Abnormem zusammen. Der Abnorme (unter welcher Bezeichnung wir hier, wie oben gesagt. entgegen einer gewöhnlichen Verwendung des Wortes, *alles* zusammenfassen, was bestimmt ausserhalb des geistig *Normalen* fällt, und nicht etwa nur gewisse geringere Grade von Geisteskrankheit oder Entwicklungshemmung). welcher eine verbrecherische Tat begangen hat. kann oft, ungeachtet des Grades seiner Abnormität, gesellschaftsgefährlicher sein als mancher Normale, der vorsätzlich dieselbe Handlung begangen hat. Andererseits muss man sich aber vor der bisweilen, wenigstens andeutungsweise, hervortretenden Übertreibung hüten, dass die Abnormität desjenigen, der eine verbrecherische Handlung begangen hat, an und für sich ein Plus an Gesellschaftsgefährlichkeit bedeuten müsse. Der Imbezille, der Epileptiker usw.

kann wie jeder Mensch durch Beleidigungen zum Zorn gereizt werden und in diesem Zustande etwa Totschlag begehen, ohne hierdurch weder mehr noch weniger Sozialgefährlichkeit an den Tag gelegt zu haben als jeder andere, der unter gleichen Umständen das Gleiche getan haben würde. Doch ist es nicht zu leugnen, dass die Abnormität sehr oft mit einer besonders hohen Sozialgefährlichkeit zusammenfällt. Die Abnormität nimmt sich oft Ausdruck in einem positiven, zu verbrecherischen Handlungen (etwa Brandstiftung) direkt führenden Triebe; oft in einer Hemmung, einem Wegfallen solcher Beweggründe (auch z. B. der Furcht vor Strafe), die bei dem Normalen den verbrecherischen Trieben entgegengewirkt hätten; oft in dem fehlenden Verständnis der tatsächlichen oder sozialen Bedeutung der Handlung; oft in einer Willenslosigkeit, welche die verbrecherische Handlung (bzw. Unterlassung) zustande kommen lässt trotz des sich vorfindenden Verständnisses ihrer Bedeutung. Soweit ein solcher Zusammenhang zwischen der Abnormität und der verbrecherischen Handlung stattfindet, bringt die Abnormität in der Tat eine höchst wesentliche Steigerung der Sozialgefährlichkeit mit sich.

In unseren Tagen ist nie bezweifelt worden, dass die geistige Abnormität in ihren beiden Linien, Geisteskrankheit und Entwicklungshemmung, wenn sie *höhere* Grade erreicht, die Unanwendbarkeit des *Straf*verfahrens herbeiführen muss, unabhängig von der für die Strafe aufzustellenden Begründung. Ebenso bestimmt aber ist festzuhalten, dass die Abnormität, wenn sie den Grad erreicht, wo sie die Strafbarkeit ausschliesst, und wenn sie mit dem Begehen einer verbrecherischen Handlung zusammentrifft, zureichender Grund sein muss für Internierung in einer Pflegeanstalt. Ein Zwischenzustand —

»zu verrückt für das Zuchthaus und zu vernünftig für das Irrenhaus» — kann nur in dem Sinne zugegeben werden, dass gegebenenfalls eine besondere Anstalt angezeigt sein mag. Etwas anderes ist, dass es sich, nicht wegen der Geringfügigkeit der Abnormität sondern wegen der Geringfügigkeit der Sozialgefährlichkeit, sehr wohl denken lässt, dass geringe Verbrechen einer wenn auch so abnormen Person vielleicht nur eine Verschärfung der Aufsicht etc. zu veranlassen brauchen, ohne dass der Abnorme unbedingt der Anstaltsinternierung zu unterwerfen wäre; diese Schonung beruht nicht darauf, dass er nicht »wahnsinnig genug» ist, sondern darauf, dass sein Wahnsinn nicht gefährlich genug erscheint um die letztgenannte Massregel nötig zu machen.

Tatsächlich gibt es also, nach dem modernen Rechte, einen Punkt auf der Stufenleiter der Abnormität, so beschaffen, dass oberhalb desselben die Strafe *absolut* ausgeschlossen ist. Dieser Punkt bezeichnet die Grenze zwischen zwei, nicht psychiatrisch aber juristisch, scharf geschiedenen Hauptgraden der Abnormität, welche wir hier, mangels besserer Ausdrücke, *volle Abnormität* bzw. *Halbabnormität* nennen werden. Die Bestimmung der Lage dieses Punktes muss der Gesetzgeber im ganzen der medizinischen Wissenschaft überlassen. Höchstens kann der Gesetzgeber insofern zur Frage Stellung nehmen. dass er gewissen Missverständnissen vorzubeugen sucht, welche erfahrungsgemäss nahe liegen, wie etwa die Annahme der Möglichkeit einer vollen Abnormität innerhalb eines gewissen Gebietes der Psyche gleichzeitig mit voller Normalität innerhalb anderer Gebiete (»Monomanien», »partielle Geisteskrankheit» u. s. f.). Unter den so beurteilten Fällen werden vielleicht einige nicht als Erscheinungen eigentlich psychopathologischer Art sondern als auf *physiologischer* Abnormität beruhend und unter dieser Voraussetzung als psychisch normal anzusehen sein (so etwa gewisse Fälle der »unnatürlichen» Unsittlichkeit). Auch die Erledigung dieser Frage gebührt indessen der medizinischen Wissenschaft, nicht der Gesetzgebung, obwohl auch die letztere von ihrer Lösung beeinflusst werden kann.

War bei der Begehung der Tat »volle Abnormität» vorhanden, so ist also die Strafe absolut ausgeschlossen; die Befugnis der Gesellschaft hingegen den Täter interniert zu halten dauert so lange wie die Abnormität dauert und nicht länger (eine Ausdehnung über diesen Zeitpunkt hinaus — wie die Bestimmung von *Massachussets* 22./4. 1873, dass der Geisteskranke, welcher Mord oder Totschlag begangen hat, auf Lebenszeit interniert werden *soll* — würde der Internierung den Charakter einer verkappten Strafe verleihen). Daraus folgt, dass wenn *akute* Abnormität bei der Begehung der Handlung vorlag, seitdem aber gänzlich aufgehört hat ohne dass ein Rezidiv zu besorgen wäre, gar keine Möglichkeit einer gesellschaftlichen Reaktion, sei es Strafe oder Internierung, belassen ist — solchenfalls liegt ja aber auch keine Gesellschaftsgefahr vor (ebensowenig wie, für die Volksanschauung, eine Forderung auf Vergeltung). Anders bei *permanenter* Abnormität. Wenn freilich die durch die Handlung zu Tage getretene Sozialgefährlichkeit nicht über einen gewissen Grad hinausgeht, ist auch hier keine andere Reaktion vonnöten als zuverlässige Überwachung; es ist solchenfalls nach den Umständen zu entscheiden, ob sich diese ohne Anstaltsinternierung durchführen lässt. M. a. W. hier gilt ganz dasselbe, wie wenn keine verbrecherische Handlung begangen wäre; auch dann ist ja die Anstaltsinternierung notwendig, wenn nicht ohnehin genügende Fürsorge gewährt werden kann. Ist aber die zu Tage getretene Sozialgefährlichkeit von jenem höheren Grade, so muss die Anstaltsinternierung unbedingt eintreten. Bei Verdacht auf periodische Geisteskrankheit darf in diesem Falle das Ausschreiben während der (scheinbar?) freien Zwischenzustände keinesweges die Regel sein; dies ist vielmehr zu entscheiden in Erwägung sowohl der Wahrscheinlichkeit des Rezidivierens wie des Grades der Sozialgefährlichkeit. Je gefährlicher sich der Geisteskranke wahrend der Krankheitsperioden gezeigt hat, um so geringer muss die Wahrscheinlichkeit eines Ruckfalls sein um ihn herauszulassen; auch versuchsweise darf dies (wenn auch vielleicht in kurativer Hinsicht angezeigt) nur gegen völlig genügende Sicherungsmassnahmen geschehen. Die Internierung in der Anstalt muss, als unbedingt, durch *Urteil* festgestellt werden. Ein solches Urteil ist also zunachst erforderlich, wenn die verbrecherische Handlung jenen höheren Grad der Gefährlichkeit ausweist und Strafe wegen der konstatierten Abnormität nicht auferlegt werden darf. Doch sollte sich die Form des Urteils nicht auf die Fälle beschränken, wo sich jene Gefährlichkeit in Verbrechen geäussert hat, sondern auch zur Verwendung kommen, wenn sie in Handlungen hervorgetreten ist, die ausserhalb der strafbaren Tatbestände fallen. Vorbereitungshandlungen z. B. (die also das Versuchsstadium nicht erreichen) zu schweren Verbrechen sind ja im modernen Rechte als solche meistens nicht mit Strafe belegt; unzweifelhaft sollte aber eine derartige Handlung, von einem ausgeprägt Geisteskranken vorgenommen, Grund genug sein ihn als gefährlich durch Gerichtsspruch zu internieren und es wäre unsinnig die Internierung aufschieben zu müssen, bis er eine — gelungene oder misslungene — Versuchshandlung zustande gebracht hat. Die oben besprochenen Gründe, welche den Gesetzgeber gezwungen haben die Strafe auf gewisse im voraus aufgestellte, scharf gekennzeichnete Äusserungen der Sozialgefährlichkeit, nämlich die Verbrechen, zu beschränken, fallen hier vollständig weg, da ja die hier in Rede stehende Behandlung in keiner Weise als Strafe sondern als reine Wohltat gegen den Behandelten aufzufassen ist. Internierung ist also durch Urteil festzusetzen, wie immer auch jener Gefährlichkeitsgrad konstatiert sein mag.

Die Behandlung in diesen Anstalten betreffend, mag hier bemerkt werden, dass das von einigen Psychiatern befürwortete und von anderen verworfene »Verdünnungssystem», demzufolge die gefährlichen Geisteskranken prinzipiell mit den anderen Geisteskranken zu vermischen sind, begründete Bedenken zu erwecken scheint. Angenommen, wie oft hervorgehoben wird, dass die Gefährlichen selbst, rein therapeutisch gesehen, bei einer derartigen Behandlung einen Gewinn haben würden, so könnte dieser Umstand hier nur unter dem Gesichtspunkte der hieraus folgenden indirekten Verminderung ihrer Gefährlichkeit geltend gemacht werden. Andererseits muss man sich aber natürlich fragen, welche Wirkung dieses Durcheinander auf die *nicht* gefährlichen Geisteskranken ausübt und wie die Sache von den Angehörigen dieser aufgefasst wird. Die letztgenannte Erwägung ist nicht hinlänglich widerlegt mit dem Einwand, dass jener Kriminelle, als geisteskrank, »nicht dafür könne», dass er kriminell ist; dasselbe lässt sich ja von jedem Verbrecher sagen, wenn der Verbrechensbegriff nicht auf dem freien Willen aufgebaut wird. Auch wird durch das Zusammenbringen der Gefährlichen mit den Nichtgefährlichen leicht bei dem Anstaltsleiter ein mit dem Gesellschaftsinteresse nicht zusammenfallendes Interesse entstehen, sich je früher je besser der oft recht unbequemen gefährlichen Patienten zu entledigen. Auch gegen das Zusammenführen der Gefährlichen aber, ohne Verdünnungssystem, in eine selbständige Abteilung der gewöhnlichen Irrenanstalt können die besonderen Anforderungen auf Einrichtung, Behandlung und Leitung geltend gemacht werden, die aus der Notwendigkeit hervorgehen verbrecherische Handlungen innerhalb der Anstalt und die Flucht daraus zu verhindern; und es dürfte fraglich sein, ob nicht die Leitung der Behandlung dieser Gefährlichen und die Beurteilung ihrer Ausschreibungsfähigkeit eine psychiatrische Spezialität ist, die ihren eigenen Mann erheischt. Vielleicht sind doch diese Fragen für eine endgültige Entscheidung noch nicht reif.

Ausschreibung eines wegen Gefährlichkeit zur Internierung Verurteilten muss immer ein bejahendes Gutachten des leitenden Anstaltsarztes voraussetzen und sollte in die Hände entweder des Gerichts oder der Regierungsbehörde oder aber einer zentralen medizinischen Behörde gelegt werden. Die Gründe für und gegen jede von diesen Lösungen sollen hier nicht untersucht werden.

Ist das Verbrechen von einer normalen Person begangen worden, welche nachher, vor oder nach der Urteilsfällung aber bevor die Strafe endgültig verbüsst ist, geisteskrank geworden ist, so muss dieser Fall gleich jeder anderen die Strafvollstreckung beeinflussenden Krankheit angesehen werden. Selbstverständlich muss sich das Urteil, auch wenn der Verbrecher zur Zeit seiner Verkündung geisteskrank ist, auf seinen Zustand bei dem Begehen des Verbrechens gründen und der Zukunft muss es überlassen bleiben, ob und wann das auf Freiheitstrafe lautende Urteil zu vollstrecken sein wird. Hieran wird nichts geändert, auch wenn der Verbrecher, als gegenwärtig geisteskrank *und* (im höheren Grade) gefährlich, *daneben* zu vorläufiger Internierung verurteilt wird. Sofern während der Vollstreckung einer Freiheitstrafe Geisteskrankheit entsteht bzw. entdeckt wird, muss natürlich die Strafe durch Anstaltsbehandlung unterbrochen werden (nur im Notfalle und provisorisch durch Behandlung auf einer besonderen Irrenabteilung der Strafanstalt). In dem einen wie dem anderen Falle muss die Frage, wie mit der auferlegten aber nicht verbüssten Strafe zu verfahren sei, falls der Patient genesen sollte, nach den sonst aufgestellten Regeln für die Verjährung einer auferlegten aber nicht verbüssten (bzw. nicht völlig verbüssten) Strafe beantwortet werden. Von irgend einer »Abrechnung» der Anstaltsbehandlung auf die Strafe darf ebensowenig die Rede sein wie von der Abrechnung einer sonstigen (ausserhalb der Anstalt verbrachten) Krankenpflegezeit. Für diesen besonderen Fall andere als die sonst geltenden Regeln einzuführen, sei es für die Verjährung oder die Abrechnung, wäre gar nicht zu verteidigen. Ebensowenig darf die Observationszeit, die ein Verbrecher (vor oder nach dem Urteil) auf der Irrenanstalt verbracht haben mag, auf die Strafzeit abgerechnet werden. Von der genannten Analogie (vgl. z. B. Observation wegen epidemischer Krankheit) abgesehen, würde ein solches Abrechnen leicht Simulation veranlassen, mit dem Zwecke einen Teil der Strafzeit gegen Aufenthalt in der Irrenanstalt oder in dem Asyl zu vertauschen, allenfalls der Abwechslung halber (wenn auch gegenwärtig die Simulation meistens — hinsichtlich gewisser Krankheitssymptome — von solchen

Gefangenen oder Angeklagten geübt wird, die in der Tat geisteskrank sind oder der Geisteskrankheit nahestehen).

Was (von präventivem Standpunkte aus) den *Grund* des Wegfallens der Strafe bei der vollen Abnormität betrifft, so ist seine mitunter vorkommende Formulierung als *Unempfänglichkeit für Strafe* nicht ganz zu billigen. Man darf nicht sagen, dass der akut Geisteskranke, welcher in diesem Zustande ein Verbrechen begangen hat und nachher völlig genesen ist, *jetzt*, da er für Strafe völlig empfänglich ist, straffrei ausgeht, weil er *damals* unempfänglich war. Der Grund der Straffreiheit des gänzlich Abnormen ist vielmehr *entweder*, wie in dem genannten Falle, dass seine Sozialgefährlichkeit, als ganz an seine Abnormität geknüpft, von selbst mit dieser weggefallen ist und daher keine besondere gesellschaftliche Reaktion erheischt (auch wegen der Allgemeinprävention vgl. oben S. 63); *oder* aber, wenn seine Abnormität und somit seine Gefährlichkeit fortdauert, dass die Gesellschaft für diesen Fall eine angemessenere Reaktion besitzt als die Strafe (eine unentwickelte Gesellschaft, welche über jene nicht verfügte, würde genötigt werden — und ist oft genötigt worden — mangels eines geeigneteren Mittels, die Strafe zu verwenden, hier freilich nur in unschädlichmachender Funktion). In dem *letzteren* Falle ist dieses Individuum freilich für die *abschreckende* und *bessernde* Wirkung meistens unempfänglich und jedenfalls weniger empfänglich als ein gewöhnlicher Verbrecher; doch ist dies nicht das Entscheidende.

Der kontinuierliche Übergang von Normalität bis zur höchsten Abnormität bringt mit sich, dass viele Fälle vorkommen, wo Normalität offenbar nicht vorliegt, die Abnormität aber nicht jenen Grenzpunkt erreicht, oberhalb dessen jede Strafe absolut ausgeschlossen ist. Anstatt

»Minderwertigkeit» und anderer mehr oder weniger geläufiger Ausdrücke, welche teils die Aufmerksamkeit zu einseitig auf das Ethische oder Intellektuelle richten teils eine Begrenzung nur gegen die normale Seite hin aussprechen, ziehen wir für diese Zwischenfälle, welche strafrechtlich ihre besondere Behandlung fordern, den Ausdruck Halbabnorm, *Halbabnormität* vor. Dabei deutet diese Bezeichnung an, dass es sich doch um Individuen handelt, die sich in einigermassen *beträchtlichem* Grade vom rein Normalen unterscheiden; nicht jede Einfalt etc., die etwas unter dem durchschnittlichen Verstandesmasse bleibt, kommt hier in Betracht.

Die psychiatrischen Merkmale, welche den Halbabnormen einerseits von dem Normalen, andererseits von dem völlig Abnormen unterscheiden sollen, hat nicht der Gesetzgeber aufzustellen. Er hat mit der Tatsache zu rechnen, dass, in gewisser Entfernung von der Normalität, Fälle vorkommen, die nicht gleich der vollen Geisteskrankheit oder dem vollen Idiotismus behandelt werden können, dennoch aber nicht derselben Behandlung wie die volle Normalität zu unterziehen sind. Die nähere Abgrenzung dieses Gebiets und die konkrete Entscheidung, ob ein gegebener Fall dahin gehöre, muss er der medizinischen Wissenschaft überlassen.

Sofern es das Strafrecht betrifft, scheidet sich der Halbabnorme von dem völlig Abnormen darin, dass es nicht *a priori* ausgeschlossen ist gegen jenen Strafe zu verwenden. So gestaltet sich seinetwegen die Frage etwas verwickelter; es muss näher untersucht werden, wann Strafe eintreten darf und wann nicht; letzterenfalls versteht sich die anstatt der Strafe vorzunehmende Behandlung gar nicht so von selbst wie betreffs des völlig Abnormen. Dass es mitunter absolut unerlässlich sein kann mit Strafe des gewöhnlichen Typus zu reagieren, erhellt, wenn man z. B. den Fall unterstellt, dass der Angeklagte ein gröberes Verbrechen in dem Zustande rein akuter Halbabnormität begangen hat, und jetzt, voraussichtlich endgültig, zur Normalität zurückgelangt ist. Diese normale Person so zu behandeln, wie wenn sie immerfort halbabnorm sei, hat natürlich ebensowenig einen Sinn wie von jeder Reaktion ganz abzusehen. Eine Reaktion muss eintreten und diese kann nur in Strafe bestehen. Da indessen in diesem Falle die Sozialgefährlichkeit meistens als geringer anzusehen ist in dem Masse wie die geistige Verfassung des Verbrechers von seinem normalen Zustande entfernt war (natürlich mit dem genannten Vorbehalte, dass ein Rückfall in den abnormen Zustand nicht zu gewärtigen ist), so ist es, auch unter präventivem Gesichtspunkte, völlig befugt auf eine *geringere* Strafe als gewöhnlich zu erkennen.

Wenn es also einleuchtend ist, dass der Gesetzgeber in gewissen Fällen mit gewöhnlicher Strafe reagieren muss, so geht aus der nahen Verbindung der Abnormität mit der chronischen Kriminalität hervor, dass, aus denselben Gründen wie bei der chronischen Kriminalität überhaupt, gegenüber *demjenigen* Halbabnormen, welcher in Anbetracht seiner geistigen Beschaffenheit der chronischen Kriminalität verdächtig ist, eine andere Behandlung angezeigt sein kann als die typische Strafe. Indessen beschränkt sich die Bedeutung der Halbabnormität hier nicht darauf eine blosse Abart der chronischen Kriminalität darzustellen, welchenfalls die Halbabnormität keiner anderen Besprechung im Gesetze bedürftig wäre denn, falls sie rein akut wäre, als Strafmilderungsgrund aufgestellt zu werden. Zunächst darf ausgeprägt chronische Kriminalität *eher* bei dem Vorliegen der Halbabnormität als sonst vermutet werden, d. h. unter weniger strengen Bedingungen (betreffs der Art und Zahl der vorher begangenen Verbrechen und verbüssten Strafen) als wenn es sich um einen normalen Verbrecher gehandelt hätte. Die permanente Halbabnormität eines Verbrechers macht erfahrungsgemäss ein recht starkes Indizium seiner chronischen Art aus; ja, schon ein einzelnes Verbrechen, wenn mit der näheren Art der Abnormität offenbar zusammenhängend, kann unter Umständen eine ganz chronische Sozialgefährlichkeit bekunden. Es kommt aber hinzu, dass bezüglich des Halbabnormen mit gutem Grunde in Erwägung gezogen werden kann, ob nicht *ein höherer Grad der Gefährlichkeit* — ganz so wie oben betreffs des völlig Abnormen bemerkt wurde — auch wenn diese noch *nicht* in der Form des *Verbrechenbegehens* hervorgetreten ist, eine gesellschaftliche Reaktion begründen kann. Hier mag zuerst die völlige Unhaltbarkeit der mitunter hervortretenden Ansicht betont werden, dass die »Internierung» (auf unbestimmte Zeit) des Halbabnormen *immer* erlaubt sein solle, sobald er *Verbrechen* i. w. S. (ohne Rücksicht auf deren Art) begangen hat, aber *sonst nie*. M. a. W. ein Imbeziller oder Epileptiker, der sich einer Gebrauchsanmassung, einer geringen Beleidigung etc., ja, gar eines Fahrlässigkeitsvergehens schuldig gemacht hätte, würde als halbabnormer Verbrecher einer unbegrenzten Freiheitsentziehung unterworfen sein, während ihm aber, etwa bei der (nicht strafbaren) Vorbereitung eines Mordes überrascht, gar nichts anzutun wäre. Es sollte doch offenbar sein, dass soweit der Rechtsgrund der unbestimmten Internierung im Verbrechen liegen soll, er jedenfalls nicht in der blossen Existenz eines beliebigen Verbrechens, sondern in der näheren Beschaffenheit des *in concreto* gegebenen Verbrechens gesucht werden muss. Das Richtige ist aber das Verbrechenbegehen nicht als den Grund aufzufassen, sondern diesen in der kausalen Verbindung der Abnormität mit jenem oben besprochenen höheren Grade der Gefahrlichkeit zu suchen. Der soeben genannte während der Vorbereitung zum Morde überraschte Epileptiker soll interniert werden können, ohne Rücksicht darauf, dass er nicht genug geisteskrank ist um gegen seinen Willen, wenn er *nicht* gefährlich gewesen wäre, interniert werden zu konnen. Der Vorzug dieser Lösung (vor der Aufstellung zweier Bedingungen: jener höheren Gefahrlichkeit *nebst* Verbrechenbegehen) leuchtet ein, wenn man den nicht seltenen Fall unterstellt, dass die Abnormitat erst wahrend der Strafvollstreckung entsteht oder doch entdeckt wird und sich dabei als sehr gefährlich zeigt. Soll nun das Hervortreten der Gefährlichkeit in der Form des Verbrechenbegehens die unerlässliche Voraussetzung für Internierung sein, so wäre in diesem Falle nichts anders zu tun als den Verbrecher rechtzeitig zu entlassen und die neuen von ihm zu gewartigenden Verbrechen abzuwarten, um ihn *alsdann* zu internieren. Da aber hier sowohl die Abnormität wie die Gefährlichkeit konstatiert ist, was zur Evidenz während einer langwierigen Strafbehandlung muss geschehen können, so wird es kaum Bedenken (infolge des Satzes *nulla poena sine lege poenali*) begegnen, den Begebenheiten vorzugreifen und ihn zu internieren, *bevor* er Zeit gehabt hat neue Verbrechen zu begehen. Freilich ergeben sich aus dem genannten Satze die Postulate, dass *teils* die Abnormität und die Gefährlichkeit jede für sich genau zu eruieren sind (wobei zu bemerken ist, dass die letztere natürlich keinesweges nur mit »schlechter Führung» in der Strafanstalt gegeben ist), *teils* die Internierung vom Gericht durch Urteil festgesetzt wird. Diese Verurteilung und somit das Überführen in eine Internierungsanstalt dürfte ohne Verzug vorzunehmen sein, sobald die Gefährlichkeit nebst der Abnormität konstatiert ist. Die Aussicht für den Internaten, einer längeren Freiheitsentziehung als ein gewöhnlicher Verbrecher unterworfen zu werden, wird einigermassen dadurch aufgewogen, dass ihm möglichst bald eine Behandlung zu teil wird, die sich mehr als die gewöhnliche Strafe der Krankenpflege nähert. (Das Entsprechende ist von dem halbabnormen Verbrecher zu sagen, welcher von vornherein in eine Internierungsanstalt anstatt einer Strafanstalt hineingebracht wird). — Eine andere Frage ist, ob es der Mitwirkung des Gerichts bedarf um *innerhalb* der festgesetzten Strafzeit, mehr aus dem Gesichtspunkte der Krankenpflege, die Strafanstalt gegen die Spezialanstalt zu vertauschen, soweit solches vonnöten befunden wird in Fällen, wo nur Halbabnormität und weder (die höhere) Gefährlichkeit noch volle Abnormität vorliegt. Hier dürfte kaum ein zureichender Grund vorhanden sein um diese Fälle anders zu behandeln als die entsprechenden Fälle bei den völlig Abnormen.

Ein Unterschied ist doch aufrechtzuerhalten zwischen der Internierung wegen solcher Gefährlichkeit, die sich in verbrecherischen Handlungen äussert, und der Internierung wegen sonstiger Gefährlichkeit. Jene muss, vor allem aus allgemeinpräventiven Rücksichten, vom Richter ihrem Mindestmass nach festgesetzt werden (ebenso wie bei sonstiger chronischer Kriminalität und aus demselben Grunde); bei dieser kann davon natürlich keine Rede sein. Sollte im letzteren Falle vor der Entdeckung der Abnormität wegen eines früheren Verbrechens eine Strafe auferlegt sein, so darf der Delinquent aus der Anstalt — Strafanstalt oder Spezialanstalt, je nach seinem Zustande — nicht früher entlassen werden als es den allgemeinen Regeln entspricht, d. h. als die auferlegte Strafe als verbüsst gelten kann.

Für den Fall, dass die Handlung zwar mit der Abnormität zusammenhängt, nicht aber jenen höheren Grad der Gefährlichkeit ausweist (also besonders bei geringen Verbrechen), kann hier ebensowenig wie bei anderer derartiger chronischer Kriminalität von Freihetsentziehung auf unbestimmte Zeit die Rede sein. Andererseits lässt sich aber vom Präventivstandpunkte aus gar kein Anlass finden, um in diesen Fällen die Strafe unter die normale herabzusetzen. In diesem Zusammenhange mag betont werden, dass sich das politische Verbrechen, gering oder schwer, aus leichtverständlichen Gründen nicht dafür eignet, im Verein mit der Halbabnormität des Verbrechers als Rechtsgrund einer besonderen über die regelmässige Strafzeit hinausgedehnten Behandlung zu dienen: auf diesem Gebiete muss die Rücksicht auf die Rechtssicherheit des Individuums strenger als sonst durchgeführt werden.

Für den Fall, dass die Abnormitat zwar permanent ist, aber *nicht als mit dem Verbrechen zusammenhangend* anzusehen ist -- falls also der Halbabnorme eine Handlung begangen hat, welche er ebenso gut hätte begehen können, wenn er ganz normal gewesen wäre (wenn er etwa dem ihn zum Zorne Reizenden eine Körperverletzung beigebracht hat), darf die einzuschlagende Behandlung jedenfalls nicht strenger sein als die gewöhnliche. Die Halbabnormität macht die durch die genannte Handlung sich ergebende Gefährlichkeit weder grösser noch geringer als diese entsprechendenfalls bei dem normalen Verbrecher ist — man denke z. B. an den Fall, dass ein derartiges Verbrechen erst nach jahrelangem unsträflichem Leben vor Gericht gezogen wird. Dieser Halbabnorme ist darum überhaupt nach denselben Gründen wie der normale Verbrecher zu behandeln und u. a. gibt es nicht den geringsten Grund, warum nicht solchenfalls etwa einem Epileptiker ebensogut wie einem anderen die bedingte Verurteilung sollte zu gute kommen. Wenn er nun andererseits, vom strengen Präventivstandpunkte aus, auch nicht auf besondere Strafmilderung Anspruch erheben darf (weil ihn hier die Abnormität, wie nicht mehr, so auch nicht weniger gefährlich macht), so kann natürlich dennoch sein Zustand, ganz wie irgend eine andere Krankheit, besondere Massnahmen bei der Vollstreckung angezeigt erscheinen lassen.

Der intime Zusammenhang zwischen Abnormität und Kriminalität legt die Frage nahe, auf welche Weise der Gesetzgeber die genaue Eruierung sichern soll, ob bei dem Angeklagten oder Verurteilten Abnormität des einen oder anderen Grades vorhanden ist. Wird die Abnormität übersehen und nimmt also die gewöhnliche Strafe ihren Fortgang, so kann dies Unannehmlichkeiten herbeiführen schon hinsichtlich der Wirkung auf den Abnormen selbst und noch öfter dadurch, dass er nach beendigter Strafzeit — sofern die Abnormität immer noch nicht entdeckt worden ist — entlassen werden muss, meistens jedenfalls nicht *weniger* gefährlich als zur Zeit, da er eingeliefert wurde. *Jeden* Fall der Kriminalität — allenfalls nach Ausscheiden der ganz geringen — einer regelrechten Observation in der Irrenanstalt zu unterwerfen, ist einfach untunlich. Der Beurteilung des Richters es zu überlassen. ob im Einzelfalle eine Observation angezeigt sei. hiesse auf eine Illusion zu bauen. Eine grosse Anzahl von Fällen. unter denen nicht nur Halbabnormität sondern auch einige der schwersten Krankheitsformen, besonders im Prodromstadium. werden sich der Beobachtung des Laien völlig entziehen und vielleicht überhaupt nur nach eingehender körperlicher Untersuchung zu konstatieren sein. Es bleibt deshalb kein anderer Weg übrig als — ausser natürlich alle die schon dem Laien sich aufdrängenden Fälle einer Observation zu unterwerfen — sich nach der *Art* des Verbrechens zu richten. indem Observation für solche Fälle stipuliert wird, die erfahrungsgemäss besonders oft mit Abnormität zusammenhängen. z. B. Mord. Brandstiftung (die nicht in betrügerischer Absicht geschieht). gewisse Sittlichkeitsverbrechen (etwa von Greisen begangen) usw. Da die Wahrscheinlichkeit der Verbindung der Kriminalität mit Abnormität. dem Obigen gemäss. wesentlich steigt in dem Masse wie die Kriminalität chronisch ist, so muss auch die wiederholte Begehung ernsterer Verbrechen (mag Rückfall im technischen Sinne vorliegen oder nicht) dem Gesetzgeber hinreichender Grund sein um die Observation als obligat festzusetzen. Wegen der kriminellen Minderjährigen vgl. oben. Die Gesamtziffer aller dieser Fälle wird nicht grösser sein, als dass eine genaue Observation praktisch durchführbar wäre. — Eine Einteilung der Fälle nach der Grösse der Strafe hat hingegen (von der Todesstrafe abgesehen) weniger Fug, da der höhere *Grad* des Verbrechens nicht mit irgend einer grösseren Bestimmtheit auf Abnormität hinweist. Doch wird immer die Zahl der zu lebenslänglicher Freiheitstrafe Verurteilten so gering sein, dass es wenig Bedenken begegnen kann auch für diese Gruppe — ohne Rücksicht auf Rezidivismus — eine obligate Observation vor der Strafvollstreckung gesetzlich zu stipulieren. Das Gesagte schliesst indessen nicht aus, dass alle Gefangenen, die längere Freiheitstrafen auf bestimmte Zeit verbüssen, genau diesbezüglich zu überwachen und oft auf Geisteskrankheit zu untersuchen sind; dies wird keine grösseren Schwierigkeiten bieten, sofern der Gefängnisarzt, wie sich gebührt, immer eine gründliche psychiatrische Schulung erhalten hat.

VII. Alkoholistenkriminalität.

Die Frage der besonderen Behandlung der *Alkoholistenkriminalität,* d. h. der mit einem fortgesetzten Missbrauch des Alkohols zusammenhängenden Kriminalität, ist von der strafrechtlichen Bedeutung des *Rausches* als Verbrechensursache genau zu unterscheiden. Die letztgenannte Frage, obwohl für das allgemeine Strafrecht ebenso wichtig wie schwierig, beeinflusst nicht an und für sich das Strafen*system.* Soweit nämlich der Rausch keine Äusserung eines *dauernden* Alkoholmissbrauchs ist, kann er nie andere Zweifel bei dem Gesetzgeber erwecken, als solche, die den *Grad* der Rechtsfolge betreffen: ob der Berauschte vielleicht unter Umständen *strenger* als wie gewöhnlich zu strafen ist (wie, in einem besonderen Fall, Russ. Str. G. § 106), oder in gewöhnlicher Weise, oder *milder* als gewöhnlich, oder ob er etwa *straffrei* ausgehen soll. Von einer Rechtsfolge besonderer *Art,* auf diesen Grund allein hin, kann hingegen keine Rede sein. Wenn so etwas bisweilen in den Gesetzgebungen vorkommt, wird es nur — wenn nicht in wenig genauer Redaktion — entweder auf einer unbefugten Vermischung des akuten und des chronischen Alkoholismus beruhen oder auf einer ebenso unbefugten Annahme, dass der erstere immer als ein Indizium des letzteren anzusehen sei. Es ist männiglich bekannt, dass der Rausch, auch der Verbrechen veranlassende, tatsächlich *oft* ganz vereinzelt vorkommt, also ohne dass der Berauschte in irgend einer Weise als chronischer Alkoholist zu kennzeichnen wäre; ebenso wie umgekehrt ein ausgeprägt chronischer Alkoholmissbrauch oft vorkommt, ohne dass der Betreffende jemals »berauscht« ist. — Die jetzt in Rede stehende Frage hat also auch nichts mit den strafrechtlichen Schwierigkeiten zu tun, die bei der Beurteilung des sog. *pathologischen Rausches* entstehen können, jener Fälle nämlich wo, infolge einer physiologischen Abnormität, der Rausch eine wesentlich andere Einwirkung ausübt, bzw. der Alkohol schon in wesentlich geringeren Quantitäten Rausch verursacht, als gewöhnlich der Fall ist.

Wenn wir hier einen wenigstens einigermassen chronischen Alkoholismus voraussetzen, verstehen wir unter diesem Ausdruck keinesweges irgend ein bestimmtes, bereits vorliegendes Krankheitsbild, sei es innerhalb des körperlichen oder des geistigen Gebietes. Freilich wird auf die Dauer ein steter Alkoholmissbrauch nicht ermangeln ein solches, und zwar ein ganz ausgeprägtes, zu bewirken. Je nach der Widerstandsfähigkeit des Organismus etc. wird aber dieses Krankheitsbild bald mehr bald weniger Zeit brauchen, um fertig dazustehen. Darauf darf es aber strafrechtlich nicht ankommen. Auch der chronische Alkoholmissbrauch, welcher am Anfang seiner Entwicklung steht, oder der jedenfalls noch keine bestimmte Krankheitssymptome in dem körperlichen oder geistigen Zustande hervorgerufen hat, kann das Strafrecht interessieren, wenn er mit einer irgendwie verbrecherischen Veranlagung zusammentrifft. Es lässt sich nämlich solchenfalls mit ziemlicher Gewissheit voraussagen, dass diese Person, sich selbst überlassen, sich regelrecht zum immer ausgeprägteren Gewohnheitstrinker und dabei zum immer ausgeprägteren Gewohnheitsverbrecher entwickeln wird. Die Gesellschaft hat somit guten Grund, sofern die Rechtsanschauung kein Hindernis in den Weg legt, eine hinlänglich durchgreifende Massregel über den beginnenden Trinker ergehen zu lassen, obwohl man bei ihm keinerlei chronischen Alkoholismus im medizinischen Sinne konstatieren kann. Das Eingreifen schon auf dieser ersten Stufe ist um so mehr angezeigt als gerade hier, wo die Gewohnheit noch nicht allzu tiefe Wurzeln geschlagen hat, die Hoffnung Raum hat, dass manchmal eine eingehende Behandlung sie mit den Wurzeln ausreissen und den Menschen an eine arbeitsame und gemässigte Lebensweise gewöhnen werde.

Soweit andererseits der chronische Alkoholismus mit voller Abnormität verbunden ist — mag der Alkoholismus die Ursache der Abnormität sein, oder, wie es auch vorkommt, die Abnormität der Grund des Alkoholismus — können wir ihn hier beiseite lassen. Solchenfalls gilt das oben von der vollen Abnormität Gesagte, und die Einzelfrage, ob besondere Anstalten für diejenigen, deren Abnormität mit chronischem Alkoholismus einhergeht, herzurichten sind, fällt ausserhalb unserer Aufgabe. Das Entsprechende ist zu sagen, wenn der Alkoholismus eine solche Verbindung von Halbabnormität und dem oben erwähnten höheren Grad der Gefährlichkeit mit sich bringt, dass sich der Staat zu langdauernder Internierung befugt finden kann. Ferner kann hier von einer

Komplikation mit der schweren chronischen Kriminalität abgesehen werden, die aus ähnlichen Gründen eine solche Internierung erfordert; auch von dem Alkoholismus der Jugendlichen, weil dieser nur *einer* der vielen Umstände ist, die hier eine staatliche Fürsorge veranlassen (wie auch vielleicht als Unterscheidungsgrund bei den oben besprochenen Gruppen dienen) können.

Bei den jetzt übrigen Fällen, wo also eine besondere Behandlung einzuschlagen ist, rührt die Schwierigkeit von denselben beiden Interessen her, welche auch bei der Jugend- und Abnormenkriminalität zutage treten. Teils muss man nämlich darauf achten, gegen das Interesse der individuellen Rechtssicherheit nicht zu sehr zu verstossen, soweit diese, nach herrschender Anschauung, ein *Plus*, über den blossen Alkoholismus hinaus erheischt, als Grund einer eingreifenderen Behandlung. Teils muss man umgekehrt auf die Schonung des mit der Allgemeinprävention zusammenhängenden Rechtsgefühls bedacht sein, welches sich bei schweren Verbrechen kaum dabei beruhigen würde, dass die Rechtswirkung — wo keine volle Abnormität vorläge — *nur* in einer Behandlung des Alkoholismus bestünde; eine solche könnte für diese Fälle sowohl erheblich milder in der Ausführung wie auch kürzer werden als die wegen desselben Verbrechens dem Nichtalkoholisten aufzuerlegende Strafe. Man muss m. a. W. zu vermeiden wissen, dass die Internierung, der Volksanschauung nach, in einigen Fällen ein zu strenges, in anderen ein zu gelindes Mittel werde.

Was die erstere von den genannten beiden Erwägungen betrifft, so wird sie in der modernen Gesetzgebung bisweilen unbeachtet gelassen, indem die Gesellschaft die Befugnis erhalten hat den Gewohnheitstrinker als solchen in Behandlung zu nehmen, gleichgültig ob er irgend welche Gefährlichkeit gezeigt, geschweige denn Verbrechen begangen hat, (so, in der europäischen Gesetzgebung, in einigen schweizerischen Kantonen, *St. Gallen* $^{21}/_{5}$, $^{29}/_{6}$ 1891; *Obwalden* $^{27}/_{4}$ 1893). Da sich nicht behaupten lässt, dass der Alkoholist schon als solcher unbedingt gefährlich sei, so muss der Rechtsgrund eines solchen Standpunktes, soweit Sozialgefährlichkeit tatsächlich nicht vorliegt, und soweit keine solche Rücksicht auf andere Individuen, wie sie etwa bei der Entmündigung des Verschwenders einwirkt, die Rücksicht auf das *Individuum selbst* sein, indem seine »Rechtssicherheit», ganz wie bei den Geisteskranken, vor seinem wohlverstandenen Interesse im übrigen zurücktreten muss; damit schiesst indessen diese Rechtsbildung ganz über das Strafrecht hinaus. Die Alkoholisteninternierung ist solchermassen ganz unabhängig von dem Strafgesetz aufgestellt, und dieses hat sich mit ihr nur insofern zu befassen, als es das Vorgehen bei dem Zusammentreffen von Alkoholismus und Verbrechen bestimmen muss, z. B. ob bzw. wann Internierung an die Stelle der Strafe treten soll. — Eine Erörterung des Befugt- oder Angemessenseins einer solchen Verfahrungsweise fällt, wie man leicht findet, ausserhalb unserer gegenwärtigen Aufgabe.

Gemeinhin steht aber die Frage anders in demjenigen modernen Rechte, welches überhaupt den Internierungsgedanken aufgenommen hat. Der Rechtsgrund der Internierung ist hier nicht der Alkoholismus allein, sondern daneben ein *Plus* der einen oder anderen Art. Insoweit dieses Plus auf der soeben berührten bei der Entmündigung hervortretenden Rücksicht beruht, fällt die Frage noch immer ausserhalb des Strafgesetzes. Sie wird dagegen strafrechtlicher Natur, sofern das hinzutretende Moment, das die Gesellschaft zur Internierung befugt macht, auf einer gewissen Kriminalität (oder Sozialgefährlichkeit», »Gemeingefährlichkeit», »besonderen Gefährlichkeit» etc.) beruht. Hier gilt, dem entsprechend, was vorher betreffs der Jugend- und Abnormenkriminalität gesagt ist, dass eine so einschneidende Wirkung, wenn sie prinzipiell nicht gestattet wird, wo kein Verbrechen vorliegt, unmöglich an jede wenn noch so geringe Übertretung geknüpft werden darf; das hiesse dieser Übertretung ein ganz ungereimtes Gewicht beimessen. Darf nun andererseits, aus allgemeinpräventiven Gründen, das Vorhandensein des Alkoholismus beim Verbrecher die Rechtswirkung der *schweren* Verbrechen nicht mildernd beeinflussen (uber dasjenige hinaus, was aus einer durch den Alkoholismus bewirkten Abnormität folgen kann, wovon jetzt nicht die Rede ist), so vereinigen sich die genannten beiden Rücksichten in der Anforderung, dass die Internierung nur innerhalb eines begrenzten Strafbarkeitsgebietes verhängt werden darf, indem teils eine Grenze gezogen wird, unterhalb welcher, teils eine Grenze, oberhalb welcher die Internierung ausgeschlossen ist. Von dieser Regel lässt sich doch nicht ohne Grund *die* Ausnahme machen — und sie wird bisweilen in der Gesetzgebung gemacht — dass die Internierung auch vorkommen kann bei Verbrechen, deren Strafbarkeit vielleicht das genannte Mindestmass nicht erreicht, die aber besonders nahe mit dem Alkoholmissbrauch zusammenhangen (z. B. Storung der allgemeinen Ordnung im berauschten Zustand; Vernachlässigung der Alimentationspflicht, sofern solche Unterlassung, wie sich gebührt, kriminalisiert wird).

Was nun die nahere Festsetzung des *Mindest*masses für die als Rechtsgrund der Internierung zu erfordernde Strafbarkeit betrifft, so kann freilich, wie gesagt, nicht jede geringe erstmalige Übertretung einen solchen Grund ausmachen. Andererseits spricht indessen gegen ein *hohes* Mindestmass, dass geringe Übertretungen eben im Anfang der Verbrecherbahn zu erwarten sind, und dass die hauptsächliche Hoffnung auf Besserung gerade auf die bis jetzt nicht zu weit fortgeschrittenen Fälle zu setzen ist; ausserdem ist zu bemerken, dass, mit der Internierung gefährlicher Halbabnormen verglichen, in dem jetzt in Rede stehenden Falle nicht nur eine mildere Behandlung sondern auch die relativ kurze Dauer, durch die Aufstellung eines niedrigen Höchstmasses für die Internierung (vgl. unten), den Eingriff weniger tiefeinschneidend macht; daher ist er auch bei geringeren Voraussetzungen statthaft. In dem oben aufgestellten Strafsystem geht die untere Zeitgrenze der Freiheitstrafe (sechs Monate Einzelhaft) allzu hoch um diesen Strafbarkeitsgrad als Mindestmass für das Umtauschen der Strafe gegen Internierung zu setzen. Der Mindestbetrag dürfte jedenfalls nicht *höher* anzusetzen sein als auf eine Geldstrafe von 30 Tageseinnahmen; vielleicht könnte man, wenigstens nachdem das Institut praktisch erprobt und so zu sagen mit der Rechtsanschauung einverleibt worden ist, noch etwas tiefer hinab (auch für erstmalige Verbrecher) gehen; schwerlich doch (soweit der Grund innerhalb des Strafrechts fällt, d. h. soweit Verbrechen eine notwendige Voraussetzung ist) tiefer hinab als zur Geldstrafe von 10 Tageseinnahmen. Dagegen gibt es keinen Grund, warum nicht *jede* ausgeprägte Widerspenstigkeit bei der Zahlung einer — grösseren oder geringeren — Geldstrafe, wenn diese Widerspenstigkeit (etwa durch Faulheit) mit dem Alkoholmissbrauch zusammenhängt, mit Internierung belegt werden sollte; nach dem Obigen soll ja bei jedem derartigen Fall neue

Untersuchung und neue Aburteilung stattfinden. — Auch bei geringen Übertretungen aber, sofern sie auf Alkoholmissbrauch beruhen und über eine gewisse Zahl von Fällen hinaus wiederholt werden, scheint es, wie gesagt, nicht unbefugt die Internierung anstatt der (direkt auferlegten) Geldstrafe zu verwenden. Ob hier eine besondere Bestimmung einzuschalten sein wird, kommt auf die Rückfallsregeln an; doch werden die Iterationsmindestmasse nicht leicht so hoch bemessen werden können, dass eine diesbezügliche Bestimmung unnötig wird.

Was das Höchstmass der die Internierung vertragenden Strafbarkeit betrifft, wird sie wohl unbedenklich so hoch wie bis zum allgemeinen Höchstmass der Einzelhaft (also etwa bis zu drei Jahren) angesetzt werden können. Die Progressivstrafe ist zu lang um füglich mit der Internierungszeit *verlängert* werden zu können (und noch weniger kann von ihrem Ersatz durch Internierung die Rede sein); die Probezeit betreffend vgl. unten.

Unter allen Umständen muss es in die Hand des Richters gelegt werden je nach der Beschaffenheit des Falles frei zu entscheiden, ob zur Internierung gegriffen werden soll oder nicht; dagegen dürfte das Gesetz (entgegen etlichen modernen Gesetzgebungen) besser selbst abmachen, ob die Internierung im *alternativen* Verhältnisse zur Strafe stehen soll, so dass der Richter zwischen der einen und der anderen zu wählen hat, oder ob beide Rechtsfolgen *vereinbar* sein sollen. M. a. W. das Gesetz sollte den Richter nie dazu zwingen die Internierung aufzuerlegen, wohl aber entscheiden, ob, *falls* so geschieht, sie allein zu verhängen ist oder im Verein mit der Strafe. Hierbei scheint es angemessen, innerhalb des Bereichs der Geldstrafe einschl. der Ersatzstrafe das alternative Prinzip immer zu befolgen; besonders hat es gar keinen

Zweck eine langdauernde Internierung mit einer kurzen Ersatzstrafe einzuleiten (vor allem wenn es sich noch dazu um eine geringe Übertretung handelt). Was hingegen die Einzelhaft betrifft, so scheint ein Unterschied zu machen zu sein, etwa je nachdem die Strafe kürzer ist als ein Jahr oder nicht. Im ersteren Falle scheint das Verhältnis auch hier alternativ sein, also die Internierung die Strafe ausschliessen zu sollen. Dies ist dagegen kaum anzuraten, wenn die Zellstrafe ein Jahr oder mehr beträgt. Das Rechtsgefühl würde daran Anstoss nehmen, dass der Alkoholist nur der gelinden Freiluftskur in der Anstalt, der Nichtalkoholist aber der schweren und noch dazu vielleicht auch langwierigeren Einzelhaft unterworfen würde. Dieser Angeklagte muss also zur Zelle verurteilt werden — vielleicht bei längeren Strafen (in Anbetracht der ihm bevorstehenden Internierung) mit einer gewissen Strafmilderung, von einer etwaigen Strafmilderung wegen Halbabnormität abgesehen — und nach Verbüssung der Strafe interniert werden. Das Bedenken gegen die gemeinsame Haft als Fortsetzung der Einzelhaft wird hier von dem Interesse die Alkoholsucht möglichst vollständig auszurotten aufgewogen. Man darf nicht vergessen, wie oben erwähnt wurde, dass der Alkoholistenprozentsatz unter den Rezidivisten, also den ernstesten Verbrechern, ein enormer und den unter den erstmaligen Verbrechern mehrfach übersteigender ist (S. 29); die chronische Kriminalität wird also in einem besonders wichtigen Punkte getroffen, indem der Alkoholismus unter den beginnenden Verbrechern von vornherein einer gründlichen — allenfalls etwas rücksichtslosen — Behandlung unterworfen wird.

Eine andere nicht weniger wichtige Frage ist *die*, mit wie grosser Bestimmtheit das Urteil die *Internierungs-*

zeit festzusetzen hat. Dass eine *absolute Zeitbestimmtheit* verwerflich ist, bedarf keiner weiteren Ausführung, da es hier noch schwieriger ist als bei der Strafe, sich im voraus eine Meinung darüber zu bilden, wie lange Zeit zum Bewirken der Besserung nötig sein mag, ohne dass die sich bei der Strafe ergebenden Gründe gegen Unbestimmtheit hier in demselben Masse zu finden wären. Doch machen sich andererseits auch hier diese letztgenannten Gründe in zureichender Stärke geltend, um eine *absolute Unbestimmtheit* (in erster Hand) — wie sie freilich schon jetzt in der Gesetzgebung vorkommt — nicht ratsam erscheinen zu lassen. Ein *Höchstmass* muss jedenfalls, wenigstens bei der ersten Internierung, festgesetzt werden. Dieses Höchstmass mit der Beschaffenheit des die Internierung veranlassenden *Verbrechens* variieren zu lassen, hat wenig innere Berechtigung; besser dürfte es sein für die erste Internierung etwa zwei Jahre als stets gleiches Höchstmass festzustellen, da die Erfahrung zeigt, dass man innerhalb dieser Zeit ziemliche Aussicht hat einen chronischen Alkoholisten zu heilen, sofern er heilbar ist. (Könnte man aber immer darauf fest rechnen, dass der Internat nach der Ausschreibung in einen ihn pflegenden Abstinenzverein einträte, würde vielleicht die Ziffer niedriger angesetzt werden können). Die Frage nach dem *Mindestmass* der Internierungszeit muss hingegen, aus allgemeinpräventiven Gründen, von der Beschaffenheit des veranlassenden Verbrechens beeinflusst werden. Ist das Verbrechen gering, würde man vielleicht vom Mindestmasse absehen wollen; praktische Gründe können doch herangezogen werden, um auch dann ein solches aufzustellen, etwa (wie *N. S. Wales* 10/10 1900) sechs Monate. Ist das Verbrechen hinwiederum von *der* Natur, dass die Strafe Einzelhaft bis zu einem

Jahre ausgemacht haben würde, sollte das Mindestmass nicht niedriger als auf ein Jahr angesetzt werden. Ist aber das Verbrechen noch schwerer, wenn also nach dem Obigen eine etwaige Internierung erst nach verbüsster Strafe einzutreten hat, wird die Festsetzung eines Mindestmasses nicht nötig sein. — Innerhalb der aufgestellten Maximalzeit darf die Ausschreibung nie anders als probeweise geschehen, so dass der Rückfall, während der Probezeit, in Alkoholmissbrauch (was nicht dasselbe heisst als Rückfall in Verbrechen) eine neue Internierung mit sich führt, eventuell auf so lange Zeit als bei der Ausschreibung von dem Höchstbetrag übrig war. — Begeht der *endgültig Ausgeschriebene* ein neues *Verbrechen* der Art, dass es Internierung zur Folge haben kann, so dürfte es keinem Bedenken begegnen, für die letztere Internierung das Höchstmass auf *drei* Jahre zu erhöhen (was der *Engl. Inebr. Act* $^{12}/_{8}$ 1898 schon in erster Hand als das Höchstmass festsetzt); so gewinnt auch die Ausschreibung auf Probe grösseren Spielraum. Hat das Institut einmal in der Gesetzgebung festen Fuss gefasst, so wird man, als *letztes* Mittel nach wiederholten Internierungen, zur Internierung auf *unbestimmte Zeit* greifen können. Man hat es solchenfalls mit einem Menschen zu tun, der an unersättlicher Alkoholbegier leidet, dessen Befinden auf freiem Fusse, auch wenn er keinerlei schwerere Verbrechen begeht, weder ihm selbst noch sonst jemand sonderliche Freude, wohl aber vor allem seinen nächsten Angehörigen grosse Unannehmlichkeiten bereiten wird.

Das blosse Vorhandensein eines chronischen Alkoholismus im Verein mit schwerer Kriminalität kann, wie schon bemerkt, kein zureichender Grund sein um der *Progressivstrafe* eine Internierung folgen — und noch weniger um diese anstatt jener eintreten zu lassen. Naturlich wird es aber hier wie sonst vorkommen, dass der Alkoholismus eine Halbabnormität gezeitigt hat (oder selbst von dieser verursacht worden ist), die, sofern sie mit der oben besprochenen Gemeingefährlichkeit verbunden ist, gleichwie derartige Halbabnormität überhaupt, ihre besondere Behandlung erheischt. Ob solchenfalls der gefährliche Halbabnorme, welcher zugleich ein chronischer Alkoholist ist, in einer anderen Anstalt als sonstige gefährliche Halbabnorme zu internieren ist, ist eine Frage, auf die wir hier nicht einzugehen haben. Soweit die Progressivstrafe in gewöhnlicher Weise vollstreckt wird und also Nachbehandlung eintritt, sollte jedenfalls *der* Alkoholmissbrauch, der sich der Permanenz nähert, den Umständen zugezählt werden, welche das Nichtbestehen der Probe ausweisen. Eine andere Frage ist, ob es angemessen ist, für diese Probezeit *Wirtshausverbot* u. dgl. zu verwenden, wozu die moderne Gesetzgebung bisweilen eine Tendenz hat; darüber vgl. oben S. 103.

Derjenige, welcher unter dem Einfluss des Alkoholmissbrauchs ein so schweres Verbrechen begangen hatte, dass er deswegen Progressivstrafe erhalten hat, dürfte, sofern er hinterher, infolge chronischen Alkoholmissbrauchs, ein Verbrechen begeht, das Internierung veranlassen kann, ebensogut ohne weiteres auf unbestimmte Zeit zu internieren sein, da in diesem Falle die Möglichkeit nahe liegt, dass aus einem fortgesetzten Alkoholmissbrauch ein neues Verbrechen desselben *schweren* Typus wie das früher begangene hervorgehen könnte. Der Alkoholmissbrauch geht bei diesem mit grosser Gemeingefährlichkeit einher und ist dementsprechend zu behandeln. — Die Frage, ob in diesem und den vorhergenannten Fällen eine *Verjährung* der Rückfallswirkung einer vorhergehenden Behandlung (sei diese Internierung oder Progressivstrafe) auf eine spätere Internierung aufzustellen ist, werden wir hier nicht näher berühren.

Was schliesslich die Möglichkeit betrifft, dass ein chronischer Alkoholist ein Verbrechen begangen hat, das richtig als akut anzusehen ist, oder doch diesem Typus hinlänglich nahe steht, um unter gewissen Voraussetzungen mit *bedingter Verurteilung* belegt werden zu können, so scheint auch dieses letztgenannte Mittel hier zur Verwendung kommen zu dürfen. Ist das Verbrechen so gering, dass die Strafe jene oben besprochene Minimalgrenze für die Umwandlung der Geldstrafe in Internierung nicht erreicht, so kann dieses Urteil nur eine *gewöhnliche* bedingte Verurteilung sein, also auf den betreffenden Geldbetrag lauten; gebührende Aufsicht vorausgesetzt, kann sie vielleicht doch in gewissen Fällen von Nutzen sein. Fällt die Strafaussetzung weg und sollte in der Folge eine etwaige Nichtzahlung der Geldstrafe auf Böswilligkeit zurückzuführen sein, so gilt das über die Verwendung der Internierung in dergleichen Fällen vorher Gesagte. Erreicht hinwiderum das Verbrechen die gesagte Grenze, so dürfte — falls Aussicht vorhanden ist, dass sich der Verbrecher durch eine solche Warnung nicht nur von Verbrechen sondern auch von dem chronischen Missbrauch abhalten lassen wird — eine *bedingte Verurteilung auf Internierung* angemessen sein, so dass, bei schlechter Führung (insbesondere auch bei chronischem Alkoholmissbrauch) des Verurteilten, die Internierung als oder vielmehr anstatt Strafe eintritt. Die einmal vorgeschlagene Massregel Freiheitstrafe aufzuerlegen und die Vollstreckung auszusetzen, bis sich der Erfolg der gleichzeitig auferlegten Internierung gezeigt hat, so dass ein Rückfall in den Alkoholmissbrauch, nach Ausschreibung aus der Anstalt, die Vollstreckung der

Freiheitstrafe nach sich ziehen würde, scheint zweifelhafter, da es immer vorteilhafter sein muss, den rückfälligen Alkoholisten wieder in der Anstalt zu internieren, wo die Behandlung mehr direkt auf die Tilgung der Alkoholsucht eingerichtet ist, als bei den einschlägigen kurzzeitigen Freiheitstrafen der Fall sein kann.

Wegen der Durchführung der Anstaltsbehandlung kann es vielleicht, unter anderen Disziplinmitteln, von Nutzen sein, das Überführen in eine Arbeitsanstalt strengeren Typus im Rückhalt zu haben, für denjenigen Internaten, der sich nicht in die Hausordnung fügt (vgl. *Basel-Stadt* 21/2 1901).

VIII. Kriminalität auf Faulheit beruhend.

Schon früher ist daran erinnert worden, dass der eigentliche Grund der Kriminalität, insofern er innerhalb der geistigen Beschaffenheit des Verbrechers fällt, besonders oft die Faulenzerei ist, und dass solchenfalls das beste Mittel gegen die Sozialgefährlichkeit des Verbrechers ist, ihn während hinreichend langer Zeit zu regelmässiger Arbeit anzuhalten, in der Hoffnung, dass die neue Gewohnheit vielleicht endgültig die alte Gewohnheit verdrängen wird. Sofern das Verbrechen nicht so schwer ist, dass allgemeinpräventive Rücksichten ein wirkliches Strafverfahren nötig machen, oder umgekehrt so gering, dass eine langdauernde Massregelung in der Form der Zwangsinternierung von dem Rechtsgefühl nicht gebilligt werden würde, wird es darum angemessen sein, das Strafverfahren mit einer Massnahme zu ersetzen, die nur die Gewöhnung an Arbeitsamkeit bezweckt und die, sofern keine praktischen Hindernisse vorhanden sind, hauptsächlich Arbeit im Freien umfassen sollte. Es unterliegt wohl keinem Zweifel, dass sich eine derartige Arbeit etwa während eines halben Jahres, mit einer (anstatt Geldstrafe eintretenden) gewöhnlichen Ersatzstrafe von einem oder ein paar Monaten verglichen, ihr überlegen zeigen wird, sofern man nur die oft genannten schädlichen Wirkungen der Gemeinschaft vermeiden oder neutralisieren kann. Aus dem letztgenannten Grunde eignet sich indessen diese Massregel nicht für die Verbrecherneulinge, welche sich dem akuten Typus nähern; hier ist bedingte Verurteilung mit Aufsicht vorzuziehen. Andererseits dürfen auch nicht ausgeprägt kriminell veranlagte Individuen mit den *nur* faulen zusammengebracht werden, sofern jene überhaupt nach dieser Methode behandelt werden sollen, welche eigentlich für diejenigen Verbrecher, deren Faulenzerei die *ganze* Wurzel des Übels ausmacht, angezeigt ist.

Der genannte Zweck wird in nicht geringem Umfange schon durch die oben besprochene Massregelung der Jugendlichen und Alkoholisten erreicht. Betreffs derjenigen einschlägigen Verbrecher aber, welche über achtzehn Jahre hinaus sind und nicht als Alkoholisten betrachtet werden können, muss die Möglichkeit einer besonderen Massnahme hergestellt werden.

Ebensowenig aber wie der Missbrauch des Alkohols an und für sich — ohne Rücksicht auf seine Bedeutung für andere Individuen oder für das Allgemeine — sich als ein selbständiges *Verbrechen* hinstellen liesse, ebensowenig kann die *Faulheit* an und für sich so behandelt werden, wie verwerflich aus sozialem Gesichtspunkte sie auch sein mag. Anders dagegen wenn die Faulheit, infolge des durch sie verursachten Unvermögens sich ehrlich zu ernähren, sei es Vernachlässigung einer etwaigen Alimentationspflicht, sei es Versuche sich anders als in ehrlicher Weise zu ernähren (etwa durch Bettel; gewerbsmässige *incl.* unnatürliche Unzucht, Zuhälterei, Kuppelei; Diebstahl, Hehlerei; Betrug, gewerbsmässiges Glücksspiel etc.) mit sich bringt. Müssiges Umherziehen des Arbeitsscheuen, welcher der Existenzmittel entbehrt, hat sich auch erfahrungsgemäss als eine hinlänglich grosse soziale Gefahr gezeigt um ein staatliches Eingreifen zu begründen. Soweit indessen in diesen Fällen eine Rechtsfolge eintritt, sollte es *nie* von Verwaltungswegen sondern immer nur durch das Gericht geschehen und *sämtliche* einschlägigen Fälle sollten in dem Strafgesetz kriminalisiert werden, wie es nunmehr, auch betreffs der Landstreicherei, die Tendenz der modernen Gesetzgebung ist (*»le vagabondage est un délit»;* vgl. jetzt auch D. Vorentw. 1909, § 42 Begründ.). Wenigstens im Anfang dürfte es ratsam sein (gleich dem genannten Vorentw. und dem Schweiz. 1908, Art. 32, aber entgegen dem Schweiz. 1903, Art. 31) die auf Faulenzerei (als die eigentliche Ursache des Verbrechens) gegründete Internierung nicht über das ganze Strafgesetz auszudehnen, sondern ihre Anwendung auf gewisse bestimmte Verbrechensarten zu beschränken, nämlich solche wie die oben genannten, welche erfahrungsgemäss oft den sich nicht »ehrlich ernährenden» Personen ihr Auskommen verschaffen. Der Beweis der Faulenzerei wird oft schwieriger zu erbringen sein als derjenige des Alkoholismus, weshalb es angemessen ist, in der Art des Verbrechens ein stützendes Indizium zu besitzen.

Mag nun die Sozialgefährlichkeit grösser oder geringer sein, immer wird es das Richtige sein, in jedem besonderen Falle nur *eine* Art von Freiheitsentziehung zu verwenden. Ist das Verbrechen gering und soll eine längere Internierung stattfinden, so sprechen die oben bei dem Alkoholismus genannten Gründe gegen die Einleitung der Internierung etwa mit einer kurzen Ersatzstrafe. Was damit bezweckt wird, lässt sich im ganzen ebensogut durch die Internierung allein erreichen (da ja hier die Gemeinschaftlichkeit am Ende unvermeidlich ist), und das Rechtsgefühl beruhigt sich leichter bei einer Umwandlung der Strafe in langwierige Internierung als bei einer reinen Zulage zur Strafzeit, welche wegen desselben Verbrechens den einen Verbrecher aber nicht den anderen treffen sollte. Je langwieriger hinwiederum die Strafe ist, desto eher muss man mit dieser dieselbe Wirkung erreichen können, die mit der Internierung bezweckt wird, nämlich die Gewöhnung zur Arbeitsamkeit; solchenfalls darf man nicht unnötigerweise die immer bedenkliche Gemeinschaftlichkeit zulassen. Worauf es eigentlich ankommt, ist, in solchen Fällen, wo es die Geringheit des Verbrechens unmöglich macht, eine *Strafe* aufzuerlegen, langdauernd genug um die Faulheit auszurotten, anstatt der kurzen Strafe eine andere genügend langwierige Behandlung, welche diese Wirkung voraussichtlich haben wird, eintreten zu lassen. Hinsichtlich des Rechtsgefühls ist dabei zu beachten, dass die Alkoholisteninternierung mehr den Charakter der Krankenpflege hat, während diese Internierung als der Strafe näher stehend aufgefasst wird, und dass es darum bedenklicher wird, eine an und für sich beträchtliche Strafe durch eine Internierung letztgenannter Art zu vergrössern. — Die Grenze zwischen einerseits der Strafe allein, andererseits der Alternative zwischen Strafe und Internierung liesse sich vielleicht so ziehen, dass die Alternative eintritt, d. h. die Strafe (gesetzt natürlich, dass Verbrecher und Verbrechen die obengenannten Voraussetzungen erfüllen) durch Internierung ersetzt werden *kann*, wenn sie geringer ist als ein Jahr Einzelhaft, sonst aber nicht. Da nach dem Obigen dieses ganze Institut auf gewisse Verbrechensarten zu beschränken ist, welche erfahrungsgemäss oft mit Faulheit zusammenhangen, und da das Gesetz in keinem Falle den Richter nötigt auf Internierung zu erkennen, sondern es ihm überlässt Strafe zu verwenden, wo er die Gründe hierfür überwiegend findet, so scheint es nicht nötig ein Mindestmass der durch die betreffende Internierung ersetzbaren Strafen aufzustellen.

Betreffs aber der *Internierungszeit* scheint ein *Mindestmass* immer festzusetzen zu sein. Sofern das Verbrechen mit direkter Freiheitstrafe (also wenigstens sechs Monaten) hätte belegt werden sollen, scheint das Mindestmass der Internierung füglich auf ein Jahr zu setzen zu sein; anderenfalls (wenn die direkte Strafe eine Geldstrafe hätte sein sollen), auf sechs Monate. Kürzere Internierung als sechs Monate dürfte kaum zu empfehlen sein. Das *Höchstmass,* bei dem erstmaligen Auferlegen dieser Internierung, sollte nicht geringer sein als zwei Jahre. Ebenso wie bei den früher erörterten Arten der Internierung, scheint eine Entlassung auf Probe geeignetenfalls zu verwenden zu sein, und wenn der Entlassene vor dem Ende der Probezeit in sein Faulenzerleben zurückfällt, sollte, in Übereinstimmung mit dem Österr. Vorentw. 1909 (Einf. Ges. Art. 18 Mom. 4), und gemäss dem oben über die Alkoholisteninternierung Gesagten, die neue Internierung die ganze Zeit umfassen können, die bei der Entlassung von dem Höchstbetrag noch nicht abgelaufen war. Bei *Rückfall* in auf Faulheit beruhende Verbrechen scheint, sofern die Internierung noch zur Verwendung kommt, der Rahmen zu erhöhen zu sein, etwa bis zu einem Mindestmasse von einem Jahre und einem Höchstmasse von fünf Jahren (so der genannte Österr. Vorentw., welcher indessen die Internierung bei erstmaligen Verbrechen nicht zulässt). Da die Erfahrung zeigt, dass manche oft bis zur Abnormität willensschwache Individuen, die im freien Leben absolut ausser Stande sind sich ehrlich zu ernähren, dennoch, wenn sie unter dem Anstaltszwange stehen, sich ganz ordentlich betragen, und da sich diese Leute auf freiem Fusse leicht zu Gewohnheitsdieben etc. entwickeln, so scheint es angemessen, hier, gleichwie bei den Alkoholisten, in letzter Hand die Möglichkeit einer Internierung in der Arbeitsanstalt auf unbestimmte Zeit zu eröffnen, und hiermit übereinstimmend auch die Probezeit, bei etwaiger Entlassung, unbegrenzt (oder doch sehr lang) zu gestalten. Vielleicht ist, gleichwie bei der Alkoholistenkriminalität, auch bei den auf Faulheit beruhenden Verbrechen zu erwägen, ob derjenige, welcher, nach ausgestandener Progressivstrafe wegen eines schweren Verbrechens von diesem Typus, ein neues derartiges Verbrechen begeht, jedoch nicht schwerer als, dass Internierung verwendet werden darf, auf unbestimmte Zeit interniert werden könnte, auch ohne früher interniert gewesen zu sein. Die hierfür sprechenden Gründe sind deutlich genug. Indessen sind die Bedenken hier grösser als bei der Alkoholisteninternierung, da, wie oben bemerkt, der Gesichtspunkt der Krankenpflege, welcher die Rechtsanschauung auch mit einer weitgehenden Alkoholisteninternierung aussöhnen kann, hier wegfällt.

Auch wenn schwerere Verbrechertypen von diesen Anstalten möglichst ferngehalten werden oder jedenfalls von den einfachen Faulenzern abgesondert gehalten werden, so ist eine genaue Sonderung der übrigen erforderlich, je nach dem Grade der Verderbtheit (was hier ebensowenig wie sonst mit der Aufteilung nach Strafbarkeitsgraden zusammenfällt). Besonders mag bemerkt werden, dass, insofern die Prostitution einen Anlass ausmachen kann, Weiber einer derartigen Massregelung zu unterwerfen, ein sorgfältiger Unterschied zu machen ist zwischen einerseits solchen, die mehr durch die Macht der Umstände, vielleicht im Verein mit jugendlichem Leichtsinn gewöhnlicheren Grades, auf diesen Weg geführt worden sind und noch nicht körperlich und moralisch verkommen sind; und andererseits solchen, bei denen die Prostitution eines unter mehreren angeborenen oder erworbenen Degenerationssymptomen ist. Jene würden oftmals von dem Zusammensein mit diesen oder überhaupt mit sonstigen zwangsinternierten Weibern Schaden erleiden. Sie werden deshalb am besten in einem für sie eigens eingerichteten Asyle untergebracht (sollten aber nicht mit Weibern zusammengebracht werden, die wohl als verwahrloste, ungeratene oder verbrecherische Jugendliche interniert worden sind, aber nicht wegen Liederlichkeit verrufen sind). Alle Prostituierten ohne Unterschied in derselben Anstalt zusammenzubringen nur wegen des gemeinsamen Merkmals der Prostitution, ist aus dem genannten Grunde ein entschiedener Fehler, da die Ursachen der Prostitution, nicht weniger als die schon zu Tage getretenen Wirkungen, bei verschiedenen Individuen so verschieden sind.

Kolibri 360 GmbH
Ferdinand-Jühlke-Straße 7
99095 Erfurt, Deutschland
produktsicherheit@kolibri360.de